FAÇA AS PAZES COM SUAS FINANÇAS

SAMY DANA

FAÇA AS PAZES COM SUAS FINANÇAS

O PASSO A PASSO PARA ORGANIZAR SEU DINHEIRO E PLANEJAR SEU FUTURO SEM DEIXAR DE APROVEITAR O PRESENTE

Eduardo Belo (org.)

Benvirá

SOMOS EDUCAÇÃO | Benvirá

Av. das Nações Unidas, 7221, 1º Andar, Setor B
Pinheiros – São Paulo – SP – CEP: 05425-902

SAC | 0800-0117875
De 2ª a 6ª, das 8h às 18h
www.editorasaraiva.com.br/contato

Presidente Eduardo Mufarej
Vice-presidente Claudio Lensing
Diretora editorial Flávia Alves Bravin
Gerente editorial Rogério Eduardo Alves
Editoras Débora Guterman
Lígia Maria Marques
Paula Carvalho
Tatiana Allegro
Produtores editoriais Deborah Mattos
Rosana Peroni Fazolari
Suporte editorial Juliana Bojczuk

Preparação Augusto Iriarte
Revisão Laila Guilherme
Projeto gráfico, diagramação e capa Victor Malta/Balão Editorial
Foto de capa Gui Gomes
Impressão e acabamento Edições Loyola

383.345.001.001

978-85- 5717-075- 9

DADOS INTERNACIONAIS DE CATALOGAÇÃO NA PUBLICAÇÃO (CIP)
BIBLIOTECÁRIA RESPONSÁVEL: ALINE GRAZIELE BENITEZ CRB1/3129

D175f
1.ed.
Dana, Samy
Faça as pazes com suas finanças: o passo a passo para organizar seu dinheiro e planejar o futuro sem deixar de aproveitar o presente / Samy Dana. – Eduardo Belo (org.) 1.ed. – São Paulo: Benvirá, 2017.

Inclui bibliografia.
ISBN: 978-85- 5717-075- 9

1. Finança pessoal. 2. Dinheiro. 3. Equilíbrio. 4.Felicidade. I. Título.
CDD 332.024
CDU 330

Índices para catálogo sistemático:
1. Finança pessoal 332.024

1ª edição, 2017

EDITAR 15721 CL 650750 CAE 617481

A Bárbara e Luca.

Agradecimentos

Agradeço ao jornalista Eduardo Belo, que me ajudou a colocar minhas ideias no papel e aguentou horas de conversas, muitas delas em momentos inoportunos, e os delírios de um economista pouco convencional. Agradeço às editoras Débora Guterman, que gestou, ao mesmo tempo, o livro e sua filha, Cecília, e Lígia Marques, pelas sugestões na concepção deste projeto. Agradeço também à minha esposa, Bárbara, e aos familiares e amigos próximos, que foram bastante compreensivos nos meus diversos canos e omissões durante o processo de elaboração deste livro. Agradeço ainda à Carolina Ruhman Sandler e à sua equipe do site *Finanças Femininas* pela leitura crítica.

Introdução 13
Gastar tudo no presente? 16
Racionalidade traz felicidade 18

Passo 1: Faça um pedido ao seu dinheiro 21

Passo 2: Encare a realidade 27
Saúde financeira: procedimentos para tirar o bolso da UTI 31
Orçamento 38
A trinca de gastos 41
Quanto tempo custa ganhar o seu dinheiro? 55
O dinheiro dança conforme a música 58

Passo 3: Viva (bem) o presente 71
A fórmula (nada) mágica do 50-30-20 80
O vigilante dos gastos 84
Dinheiro na mão é vendaval? 94

Passo 4: Invista na racionalidade 97
Cuidado com a liberdade da rede 103
Cartão, um atalho para a compulsão 105
Quanto a irracionalidade é capaz de influenciar a vida financeira 118

Carro: a máquina de queimar dinheiro 126
Imóvel: nem segurança garantida, nem o seu dinheiro de volta 139
A felicidade que o aluguel proporciona: morar perto do trabalho 155
Seguro: uma saída — mais racional — para quando as coisas dão errado 160
Títulos de capitalização: uma forma engenhosa de perder dinheiro 170
Pirâmides financeiras: uma bela maneira de sepultar os seus tesouros 173
Consórcio: quando você paga juro sobre o que é seu 178
A tentação da loteria: jogar quando é fácil perder 183

Passo 5: Pense no futuro e no que ele reserva 189
Eu, investidor 201
Você está preparado para negociar? 204
A renda variável 216
Enfim, a renda fixa 231
Ganhar a vida com o mercado financeiro: uma ilusão, das bem perigosas 238
Previdência: hora de pensar num futuro também feliz..... 240

Conclusão 243
Converse novamente com o seu dinheiro. E faça-o agir a seu favor 245

INTRODUÇÃO

O velho adágio "dinheiro não traz felicidade" ganhou muitas versões espirituosas no Brasil. "Dinheiro não traz felicidade, mas ajuda a sofrer com elegância" e "dinheiro não traz felicidade, manda buscar" são apenas duas delas e mostram, pela ironia, que aquela relação romântica com o dinheiro já ficou para trás.

Cada vez mais, as pessoas abandonam a visão de que ter dinheiro é algum tipo de transgressão da ordem natural das coisas — sobretudo das coisas divinas. Não. Ter dinheiro não é pecado. Usá-lo bem, menos ainda. Ao contrário. É uma virtude que poucas pessoas possuem.

Os jornais e revistas de vez em quando trazem personagens que abriram mão de tudo para viver uma vida menos consumista e supostamente mais feliz. Existem no mundo inteiro, inclusive no Brasil, vários movimentos que pregam o consumo minimalista, segundo o qual as pessoas só adquirem bens e serviços absolutamente essenciais à sua sobrevivência — física e social. Alguns desses movimentos estão associados a outros, da chamada economia colaborativa. Nestes casos, os participantes conseguem comprar menos e ainda trocar ou compartilhar produtos que não usam ou que utilizam muito pouco.

Foi para experimentar a sensação de viver praticamente sem dinheiro que a jornalista alemã Greta Taubert decidiu passar um ano sem comprar absolutamente nada. Nem mesmo comida. No início, alimentou-se apenas do que conseguia caçar, mas depois "evoluiu" para uma dieta vegetariana baseada no que retirava de uma pequena horta cultivada em sua própria casa. Também fabricava, de modo artesanal, produtos de limpeza.

O ano sem compras de Taubert está relatado no livro *Apocalypse Now!*, publicado em 2014, no qual ela revela: depois de um ano sem gastar, o primeiro artigo que comprou foi uma meia-calça. Um produto não essencial, é claro. Mas que diz muito a respeito da importância do dinheiro. Ele não serve apenas para nos fornecer o essencial, mas também para nos dar bem-estar e — por que não? — prazer. Greta, como a maioria das mulheres, sabe o efeito que uma meia-calça pode ter sobre sua aparência e, consequentemente, sobre sua autoestima. No caso da jornalista alemã, o produto tornou-se símbolo das pequenas alegrias que o dinheiro, quando bem empregado, pode proporcionar. Greta é apenas uma entre centenas ou milhares de pessoas a relatar suas experiências radicais em torno do dinheiro. Histórias assim sempre inspiram outros indivíduos a seguir o mesmo caminho. Mesmo que sem maiores radicalismos, alguns de fato conseguem reduzir seus níveis de consumo. O que a maioria não se dá conta é que, mesmo nos casos de quem desiste de consumir e reduz suas compras ao mínimo, a vida continua a ser regida pelo dinheiro. Essas pessoas são obrigadas a montar um estilo de vida no qual é o pouco contato com o "vil metal" que dá as cartas. Até para viver com menos dinheiro é preciso tomar decisões financeiras, de preferência racionais!

Será que você também conseguiria viver somente com o necessário? Liste, a seguir, apenas os gastos essenciais para a sua sobrevivência.

....

....

....

....

....

....

....

....

....

....

....

....

....

....

....

....

Agora repasse item a item e julgue se seria possível viver apenas com esses gastos. Se achar a tarefa difícil, não se culpe. Aliás, risque esta lista e também esta opção da sua vida e continue a leitura.

De qualquer modo, viver comprando apenas o essencial não é para todo mundo. Até porque o dinheiro está aí para nos servir, não para nos escravizar. Simplesmente não podemos ser dominados pelo desejo de gastar descontroladamente nem pelo anseio de poupar de forma compulsiva. E, embora muitas vezes tenhamos medo de assumir, o fato é que todas essas reflexões monetárias têm tudo a ver com felicidade.

Uma pesquisa divulgada pela consultoria de investimentos Skandia International afirma que 93% dos brasileiros acreditam que dinheiro compra, sim, felicidade. Em setembro de 2015, o Escritório Nacional de Estatísticas (NOS, na sigla em inglês), órgão britânico semelhante ao IBGE, divulgou estudo segundo o qual a riqueza de família — o patrimônio familiar acumulado geração após geração — pode ter influência sobre a felicidade. O estudo concluiu que ter riqueza acumulada é mais importante do que ter renda elevada. Diz também que ter riqueza líquida (ou seja, facilmente transformável em dinheiro vivo) proporciona mais felicidade do que a posse de bens caros, como joias, automóveis e imóveis.

Outras pesquisas de caráter científico mostram que o sentimento de riqueza tende a ser relativo. Você pode não ter o maior salário do país, mas, se ele for claramente o maior da sua rua ou do seu bairro, você tende a se sentir "diferente" dos demais. Ainda que o seu ordenado não seja assim nenhuma maravilha.

Olhando o resultado de todas essas pesquisas, podemos deduzir que a ciência ainda não chegou a uma conclusão definitiva sobre a relação entre dinheiro e felicidade, mas não faltam evidências de que ela exista.

Talvez por isso você não conheça ninguém que deseje provar o supremo êxtase de viver sem dinheiro. Convenhamos: esses felizardos são a exceção. Talvez tenham alcançado um nível de purificação espiritual inacessível à maioria dos mortais. Como estamos distantes desse grau de pureza iluminada, vamos nos ater à questão que aflige a maioria: como empregar o seu dinheiro da melhor maneira?

A virtude, já dizia o filósofo grego Aristóteles, está no caminho do meio. A nossa aguardada resposta — não sou de guardar segredos — também. Na nossa convivência com o dinheiro, não vamos ser felizes gastando até o último tostão nem poupando tudo e deixando de aproveitar a vida. O segredo está no equilíbrio de gastar somente o que se tem, dividindo esse dinheiro entre as aquisições que geram o bem-estar da vida cotidiana e o investimento para manter o padrão de vida no futuro.

Gastar tudo no presente?

Do ponto de vista pessoal, a questão da felicidade não pode se resumir à dúvida "viver bem e ser feliz agora ou guardar tudo e ficar rico depois?". Esse é um dilema que não existe. Ou, pelo menos, não deveria existir.

O ser humano tem uma tendência natural a querer aproveitar todas as coisas boas imediatamente e transferir todo sofrimento e todo compromisso para um futuro distante.

É essa tendência que nos faz deixar para a última semana — para não dizer o último dia — a entrega da declaração de Imposto de Renda, por exemplo, e ainda assim ficar ansioso para saber se o nosso nome consta do primeiro lote de restituição.

A lógica do "prazer agora, sofrimento depois" tem muito da conduta "usufruir já, pagar mais tarde". Ela não é lá muito racional. Todos podem e devem aproveitar o dinheiro que ganham para assegurar um bom padrão de vida, que proporcione bem-estar e, portanto, felicidade, sem descuidar de reservar um pouco de alegria para ser desfrutada futuramente, ou seja, sem esgotar agora os recursos que possam mantê-los amanhã e fazê-los igualmente felizes no futuro.

Observe a seguinte questão: se você tem um bom padrão de vida, qualquer acréscimo que fizer a ele o tornará ligeiramente melhor. Só que esse ganho tende a diminuir cada vez mais conforme o padrão avança. Ou seja, as melhoras precisam ser muito profundas para que tenham impacto realmente significativo. Em outras palavras, a partir de certo padrão, faz pouca diferença ser milionário ou multimilionário.

Aliás, sobre isso, o bilionário chinês Jack Ma, criador do *site* de vendas *on-line* Alibaba, declarou que era mais feliz quando não era rico. "Quando não se tem muito dinheiro, você sabe como gastá-lo", afirmou. "Com US$ 1 bilhão de dólares, não é mais o seu dinheiro. O dinheiro que tenho hoje é uma responsabilidade. É a confiança que as pessoas depositaram em mim."

Pode parecer "charme" de quem é muito rico, realizou uma proeza no mundo dos negócios e agora está entediado porque não sabe o que fazer com tanto dinheiro. Jack Ma é apenas um entre vários multimilionários, e a sua opinião pode ser diferente da de todos os demais bilionários do planeta. Mesmo assim, é bom prestar atenção no que Jack Ma diz, porque, se o destino do dinheiro dele o deixa preocupado hoje, ele soube muito bem como chegar lá. Eu diria até que ele tem um bom problema... Quem não gostaria de resolver uma "dor de cabeça" dessas?

Para ter uma ideia da fortuna de Ma, pelas contas da revista americana *Forbes*,[1] especializada em negócios e em pessoas que ganham muito dinheiro, o preocupado homem de negócios computava US$ 27,7 bilhões de dólares em seu patrimônio pessoal no início de 2017. Esse total não inclui o valor da sua empresa nem o patrimônio registrado em nome da pessoa jurídica. É só o dinheiro dele mesmo.

Se, para um rico, faz pouca diferença tornar-se muito rico, a situação oposta não é verdadeira. O caminho de volta à pobreza — ainda que de pobre não se tenha nada — é sempre mais difícil de trilhar. Se você é milionário e se torna "apenas" muito rico, talvez o baque seja grande. Nesse caso,

1 #28 JACK MA. *Forbes*, "The World's Most Powerful People". Disponível em: <http://www.forbes.com/profile/jack-ma/>. Acesso em: 17 jan. 2017.

vale o conselho: não convém aumentar demais o padrão de vida. Os impactos positivos, a partir de determinado ponto, são pequenos e melhoram muito pouco a qualidade de vida. Além disso, você pode usufruir melhor do dinheiro que vai gastar a mais se aplicá-lo na sua felicidade futura. E o mais importante: na eventualidade de ser obrigado a reduzir o seu padrão, o sentimento de perda será menor se você estiver acostumado a viver com menos e será gigantesco se você estiver usufruindo ao máximo. Dessa forma, começamos a pensar no dinheiro de uma maneira racional.

Perceba: não se trata de escolher entre tudo ou nada. Não é guardar o máximo possível apostando apenas no futuro, mantendo um padrão de vida medíocre e correndo o risco de se frustrar por não aproveitar a vida agora; nem o contrário, isto é, dilapidar o dinheiro que está à mão sem pensar nem um pouquinho no futuro — e, quando chegar a ele, sofrer grandes privações.

Você não vai ser feliz porque adquiriu vários bens, muitos além das suas condições financeiras e até da sua necessidade, se estiver completamente endividado. E também não vai alcançar a felicidade se pensar apenas na viagem de volta ao mundo que pretende fazer depois de se aposentar, dentro de duas, três ou quatro décadas, e não tiver, agora, nenhum momento de lazer — ou de prazer — proporcionado pelo dinheiro que ganha. Até porque essa viagem pode não vingar. Não há como ter certeza de que o planejado de fato ocorrerá.

Racionalidade traz felicidade

A proposta deste livro é livrar você de várias ideias preconcebidas sobre dinheiro e oferecer algumas propostas reais de como usá-lo bem. Você não vai encontrar aqui o grande segredo do que deve fazer. Mas terá uma visão ampla e um conjunto de informações que, espero, o façam pensar e o ajudem a tomar decisões financeiras por conta própria, levando em consideração o que é mais importante: os seus desejos, os seus anseios, os seus valores e o seu padrão de vida. Por isso, a conclusão da obra dependerá de nós dois: eu apresento as ideias e conselhos de economista, e você faz destas páginas um diário em que registrará a sua busca por uma vida financeira mais racional e, de sobra, mais feliz.

A minha intenção é ajudá-lo a valorizar o seu dinheiro sem tornar você escravo de um comportamento padronizado, rígido, imutável, que pode nada ter a ver com a sua personalidade. No final das contas, é você quem vai fazer as escolhas baseado naquilo que é mais importante para você hoje e no futuro. Baseado naquilo que o faz feliz. Comece se fazendo a seguinte pergunta:

É possível ser feliz com o que se tem?

Eu diria que o que traz felicidade é a nossa satisfação de realizar os nossos desejos. E disso, de uma maneira ou de outra, somos todos capazes. O dinheiro é o instrumento que nos faz chegar lá. Apenas isso. Não pode, nunca, ser a morada da felicidade.

Dito isso, você deve se preparar para encarar este livro não como um desafio, uma obrigação ou um grande e aborrecido ensinamento, mas como a oportunidade de conhecer um lado diferente do dinheiro para o qual a maioria das pessoas não dá atenção. E de transformá-lo do vilão que complica a vida, por sempre acabar antes do fim do mês, no aliado que torna a existência mais feliz, prazerosa e rica — sob todos os pontos de vista. Para facilitar essa experiência, vamos dividir o conteúdo em cinco partes. Ou melhor, vamos dividir o seu plano de lidar com suas finanças e ser feliz em cinco passos:

Passo 1: Faça um pedido ao seu dinheiro. Nesse passo, você vai entender que o dinheiro é um aliado. Por menos que você tenha, ele deve estar ao seu serviço, proporcionando um padrão de vida satisfatório, que o faça viver bem dentro das suas reais condições. Vai entender também que tudo na vida implica escolhas e renúncias — e isso não é diferente no mundo das finanças. É nesse momento que você vai fazer a escolha principal — definir as prioridades — e fazer o dinheiro trabalhar por você para alcançar os seus objetivos.

Passo 2: Encare a realidade. O segundo passo vai mostrar como é possível viver bem com o que se tem e com o que se ganha, desde que se trate a realidade com *realismo*. Perdoe o trocadilho, mas é isso mesmo: a verdade nua e crua não precisa ser necessariamente ruim. Qualquer pessoa que saiba exatamente quanto ganha, o que quer e aonde quer chegar tem muito mais chances de atingir as suas metas e ser feliz com o seu dinheiro. Mesmo que ele não esteja sobrando, como, aliás, quase nunca está.

Passo 3: Viva (bem) o presente. Esse é um passo extremamente importante e, ao mesmo tempo, muito negligenciado pelas pessoas — inclusive por vários economistas. Pensando só em guardar para o futuro, muita gente se esquece de viver o presente. É um erro. Você vai entender por quê.

Passo 4: Invista na racionalidade. É um desdobramento natural da segunda etapa. É quando nos damos conta de que não será possível alcançar tudo o que queremos e, principalmente, de que nem tudo o que desejamos nos convém. Podemos ser felizes e bem-sucedidos financeiramente fazendo as escolhas certas, baseadas nos princípios da racionalidade, na qual vamos assentar o equilíbrio entre desejos, necessidades e disponibilidade financeira. E, mesmo com limitações, o resultado pode ser muito bom.

Passo 5: Pense no futuro e no que ele reserva. Desde que não nos esqueçamos de viver também o agora, planejar o futuro é o ponto alto de qualquer programa financeiro. Sem isso, controlar o dinheiro e usá-lo bem deixa de fazer sentido.

Transformar o dinheiro em aliado: é nesse ponto que eu pretendo vê-lo chegar. Após ter passado por esses cinco passos e os compreendido, você estará pronto para mudar a sua relação com o dinheiro ao perceber aquele vilão da sua história se tornar um novo e leal amigo, pronto para servir aos seus propósitos. É hora de aproveitar o que o dinheiro pode trazer de positivo para a sua vida.

Vamos começar?

PASSO 1:
FAÇA UM PEDIDO AO SEU DINHEIRO

O nome do primeiro passo dessa caminhada financeira não é em vão. Este é o momento de escolher o que você deseja que o seu dinheiro lhe proporcione. Não precisa pensar muito para responder. Pode deixar o seu coração falar mais alto. Até porque, a partir desta etapa, é a razão que vai mandar.

Faça um pedido ao seu dinheiro.

....

....

....

....

Parece claro que não se pode ter tudo, mesmo sendo muito rico, não é? Então, precisamos entender que nunca teremos "toda a felicidade" possível, porque, ao escolhermos algumas coisas na nossa vida, necessariamente abriremos mão de outras. Estes são conceitos que serão muito empregados neste livro: escolhas e renúncias.

Se escolhermos viajar para a Grécia, não poderemos ir à festa que vai ocorrer no mesmo período do passeio. Se quisermos reformar a casa, possivelmente não teremos dinheiro disponível para trocar de carro. E, mesmo que tenhamos, talvez não seja prudente gastar tanto dinheiro ao mesmo tempo.

Por isso, quando cochichamos ao pé do ouvido do nosso dinheiro, pedindo a ele que realize o nosso sonho dourado, temos que escolher muito bem qual é o desejo que pretendemos satisfazer. Porque, se tentarmos atender a vários ao mesmo tempo, provavelmente vamos falhar em algum momento.

Quando o assunto é dinheiro, não existe magia. Em compensação, a vida financeira é regida por uma lei lógica e infalível: jamais se deve gastar mais do que se ganha. Parece óbvio demais — e de fato é —, mas existem milhares, talvez milhões de pessoas à revelia dessa lei. Você, inclusive, pode ser uma delas sem ainda nem ter se dado conta disso.

O sonho de possuir muitos bens e dispor de vários serviços tem um contraponto na realidade chamado "dívida". Quando gastamos mais do que ganhamos, contraímos dívidas. E, não raro, elas se avolumam cada vez mais, simplesmente porque o dinheiro que ganhamos nos meses seguintes nos impede de manter um padrão de vida e ao mesmo tempo pagar dívidas elevadas. Isso cria uma bola de neve alimentada pelos juros.

A situação no Brasil é ainda mais grave, porque os juros por aqui são vorazes consumidores de dinheiro. O país tem sido, nos últimos anos, campeão das taxas de juros reais — ou seja, o juro que permanece depois de descontada a inflação — mais altas do mundo.

Ou seja, por aqui, a bola de neve dos juros é maior, cresce mais rápido e desce a montanha mais depressa que na maioria dos países. E coitado de quem for apanhado no caminho da avalanche.

Por isso, a tarefa de fazer um pedido ao seu dinheiro não é tão simples e encantada quanto parece. Até para isso é preciso uma pitada de racionalidade. Eu posso ajudar com uma dica: ao fazer um pedido ao seu dinheiro, tenha em mente os outros 4 passos para realizar o sonho de ser feliz com o dinheiro que tem:

ENCARAR A REALIDADE	VIVER (BEM) O PRESENTE
INVESTIR NA RACIONALIDADE	PENSAR NO FUTURO E NO QUE ELE RESERVA

Agora que você já fez seu pedido, se seguir alguns passos relativamente simples, conseguirá fazer o dinheiro render mais, se multiplicar e trabalhar a seu favor.

Quer ver?

PASSO 2:
ENCARE A REALIDADE

Responda depressa: o que é melhor, realizar logo uma tarefa chata, desagradável e se livrar dela ou protelar a solução indefinidamente?

Não tenho como saber a sua resposta, mas vou tentar analisar as duas possibilidades mais concretas:

1. ( ) Resolver o problema o quanto antes. É chato, mas alguém tem de fazer. E, se o problema é seu, ninguém melhor do que você mesmo para dar uma solução adequada a ele. Vai tomar algum tempo, mas, se houver empenho, você vai tirar o problema da sua frente.
2. ( ) Protelar. Nesse caso, nada acontece. O problema persiste. E pode, eventualmente, ficar ainda maior, por falta de solução. Ou seja, pode lhe causar novos danos. Mas pode também ficar menor, se não for um problema estrutural ou se for uma questão passageira, como uma discussão sem maiores consequências.

É bem provável que você tenha respondido, de forma muito racional, que o melhor é solucionar o problema o quanto antes. Mas será que você é tão racional assim no seu dia a dia? Muitos de nós sabemos exatamente o que é preciso fazer, mas nunca, ou *quase nunca*, fazemos o que é preciso. Porque o nosso lado racional está sufocado pelo emocional. Não raro, o emocional nos leva a evitar aborrecimentos e, com isso, protelar as soluções.

Agora, vamos supor que o problema a resolver seja a desorganização financeira. A sua vida está bagunçada, sobra mês no fim do salário e você está quebrando a cabeça para acertar as contas e, talvez, até caindo na cruel armadilha do endividamento fácil: o do cheque especial e do cartão de crédito.

Caso você esteja protelando a solução, o que vai acontecer? A possibilidade mais real é a sua bagunça financeira ficar ainda maior e o que até então era um problema se tornar um problemão, mais difícil de superar e que exige uma carga maior de sacrifício para ser resolvido.

Claro que não é isso que você quer. Ninguém em sã consciência quer ver os problemas se tornarem maiores. Por isso, vale a pena investir tempo e preparar um diagnóstico da sua situação para, em seguida, buscar as melhores soluções e eliminar de vez o problema. Encarar a realidade é isso.

SAÚDE FINANCEIRA: PROCEDIMENTOS PARA TIRAR O BOLSO DA UTI

Para você se manter sempre com a saúde em dia, o ideal é que faça *checkups* periódicos. Uma vez por ano, pelo menos.

Os médicos recomendam sempre dar uma olhada em coração, fígado, rins, tireoide, pulmão, sistema circulatório e alguns hormônios, além de peso, índice de massa corporal, gordura (total e no sangue) e glicemia. Com essa análise, eles conseguem visualizar o estado geral do paciente, detectar problemas já existentes ou em vias de surgir e encaminhar o tratamento a fim de manter ou melhorar a sua saúde antes que ela sofra danos maiores.

Com a saúde financeira, o cuidado é quase o mesmo. Só que, em vez de fazer exames de laboratório, é preciso investigar detidamente a saúde das contas. Torna-se necessário fazer uma tomografia bem detalhada das despesas para detectar problemas já existentes ou em vias de aparecer, antes que o quadro clínico das finanças sofra danos maiores.

Então, de tempos em tempos, será necessário rever se aquele plano de celular mais caro ou aquele pacote imenso de TV por assinatura — que você talvez nunca tenha explorado por inteiro — são realmente necessários e se você não está "acumulando gordura" nas contas a pagar, adquirindo bens e serviços que nem usa. Aliás, é bom fazer a mesma avaliação em relação ao imóvel em que você mora e ao carro que possui. Um imóvel menor talvez fosse mais adequado. A manutenção lhe custaria menos; principalmente se você pudesse morar mais perto do trabalho e, de quebra, dispensar o automóvel — ou pelo menos um deles, no caso de famílias que tenham mais de um veículo.

Com o carro, é a mesma coisa. Automóveis mais simples significam custos de manutenção mais baixos. Ok, você talvez dê valor para o carro como símbolo de *status* ou queira ter um modelo confortável e equipado para viajar. Sem problemas. Mesmo assim, verifique se você não está passando dos limites e se não é possível ter conforto e desempenho parecidos com um modelo um pouco mais barato. Talvez você nunca tenha pensado nisso, mas carro parado na garagem é custo. Se você o utiliza apenas para viajar alguns dias por mês, talvez não seja vantajoso arcar com todas as despesas — IPVA, seguro, estacionamento, manutenção etc. Você vai ver, no Passo 3, que existem alternativas mais sensatas — e baratas — que podem resolver o problema e ajudar você a poupar um dinheirão.

Assim como os exames médicos são detalhados, o *checkup* de gastos também deve ser. Você precisa listar os seus gastos e analisá-los detalhadamente à luz de vários fatores. Às vezes, o buraco por onde escorre o seu dinheiro está onde você nem imagina. Além disso, do mesmo jeito que ocorre com a nossa saúde, os cuidados financeiros diferem de acordo com a idade.

Você é um profissional em começo de carreira, no meio dela ou já na etapa final? Se está no começo, talvez seja o caso de olhar com mais atenção não tanto a posse de bens, mas os investimentos em educação e na formação do seu patrimônio. Quando você investe em aperfeiçoamento profissional, é quase certo que terá, depois de algum tempo, um retorno salarial melhor do que se ficasse contente apenas com a formação inicial. Claro que é preciso ter bom senso e dosar estudo e experiência profissional. Estudar é bom, mas ninguém vai conseguir um bom salário se passar a vida toda apenas estudando.

Uma situação possível: dois jovens igualmente capazes formam-se em engenharia e começam, na mesma época, a trabalhar em uma grande empresa. Depois de cinco anos, um deles já fez vários cursos de especialização ou um MBA e procurou se atualizar com o que há de mais novo em sua área, enquanto o outro é muito bom de cálculo, domina perfeitamente a técnica da profissão, porém estacionou no que aprendeu na universidade.

O cenário mais provável, nessa situação, é que o primeiro se torne candidato a promoção — mais de uma, talvez —, enquanto o segundo, embora possa até permanecer empregado, terá como destino mais provável mesmo o desemprego, sendo substituído por alguém mais capacitado, que possa oferecer à empresa mais do que um cálculo bem-feito. Programas de computador bem manejados, às vezes até por profissionais menos capacitados e, portanto, mais baratos, podem fazer os cálculos.

Um estudo da Organização para a Cooperação e Desenvolvimento Econômico (OCDE) mostra que, no Brasil, quem possui maior escolaridade tem também maior probabilidade de conseguir emprego. A taxa de empregabilidade no Brasil é de 85%, enquanto nos países ricos fica em torno de 83%, de acordo com a OCDE.[2]

Em relação ao patrimônio, nem é preciso dizer: quanto mais cedo se começa a poupar, maior é a possibilidade de se ter um futuro feliz, sem apertos financeiros. A formação de um colchão de segurança maior permite não só um padrão de vida melhor depois da aposentadoria, como também diminui uma preocupação que se torna cada vez mais forte na sociedade brasileira: a relação entre o aumento da expectativa de vida e a manutenção da qualidade de vida.

2 OCDE. *Education at a Glance 2013: OECD Indicators*. Paris: OECD Publishing, 2013. Disponível em: <http://dx.doi.org/10.1787/eag-2013-en>. Acesso em: 03 jan. 2017.

Viver mais é bom, mas é preciso ter qualidade de vida até o fim. Por isso, essa preocupação pode ser traduzida em uma pergunta: "E se eu viver muito e meu dinheiro acabar?". Quando se poupa por mais tempo, esse risco é bem menor, e a pessoa está mais preparada para lidar com as conquistas de uma vida inteira.

O bom senso nem sempre é fácil de seguir. O principal motivo para isso é uma tendência natural do ser humano a deixar o que dá trabalho ou gera desconforto para depois. É ela que nos faz deixar de lado o problema e varrê-lo para debaixo do tapete em vez de encarar logo a situação e buscar as melhores soluções de imediato.

A cruel verdade é que, na vida real, escolher a opção de não procrastinar não é tão simples quanto talvez tenha parecido nas páginas anteriores. Poucas pessoas escapam dessa "maldição" de usufruir do prazer imediatamente e postergar aquilo que possa representar algum tipo de sofrimento. Existem aquelas que têm uma vontade férrea, que encaram os desafios assim que eles aparecem, mas essas são minoria, como você pode notar pelo seu círculo de amizades.

A ideia de deixar a dieta para a segunda-feira e, no domingo, se esbaldar na comilança não é assim tão distante da falta de controle financeiro. Muita gente adia para o mês que vem, para depois das férias, para o ano novo a tarefa de pensar no controle das contas ou no investimento que vai assegurar um futuro melhor para si e para a família. E, assim, deixa passar um tempo precioso, perdendo os benefícios de começar mais cedo. Um desses benefícios é — quem diria?! — a taxa de juros elevada que, nesse caso, pode trabalhar a seu favor.

Protelar o início de um investimento em alguns meses pode reduzir um ganho importante no final. No sentido oposto, rolar uma dívida que possa ser paga antes vai fazer com que os juros a tornem mais cara no final das contas.

Acompanhe esse raciocínio no quadro a seguir. Vamos simular um investimento de R$ 100,00 mensais durante 12 meses, remunerado à taxa de juro de 1% ao mês. A ideia de usar números redondos e básicos é simplificar o entendimento. O importante é saber que o mecanismo vale para todos os prazos, taxas de juro e valores.

INVESTIMENTO DE R$ 100,00 DURANTE 12 MESES, COM JURO DE 1% AO MÊS

MÊS	TOTAL DEPOSITADO (EM R$)	JURO RECEBIDO NO MÊS (EM R$)*	SALDO APÓS DEPÓSITO (EM R$)
1	100,00	0,00	100,00
2	200,00	1,00	201,00
3	300,00	2,01	303,01
4	400,00	3,03	406,04
5	500,00	4,06	510,10
6	600,00	5,10	615,20
7	700,00	6,15	721,35
8	800,00	7,21	828,56
9	900,00	8,29	936,85
10	1.000,00	9,37	1.046,22
11	1.100,00	10,46	1.156,68
12	1.200,00	11,57	1.268,25
13	1.200,00	12,68	1.280,93

* *Creditado 30 dias após o depósito.*

Observe que o investidor deixou de depositar no 13º mês de investimento. Mesmo assim, recebeu os juros da aplicação 30 dias depois. Se o dinheiro for mantido no investimento, ele continuará a receber juros sobre o total depositado, que inclui os depósitos em si (R$ 1.200,00 em valores nominais) e os juros sobre o saldo (R$ 80,93 no período considerado nesse exercício).

Preste atenção na coluna "Juro recebido no mês". Repare que os valores vão crescendo, em termos nominais, todos os meses. Por isso, quanto mais tempo se adia o início dos depósitos, menos juro se recebe. Dizendo de outro modo, quanto maior for o saldo depositado, maior será o valor do juro no final do mês seguinte. A taxa aplicada nesse caso é a mesma, 1% ao mês, mas, como ela está incidindo sobre um valor maior, o resultado final também é maior.

Agora, note que o mesmo mecanismo é aplicado às dívidas. Elas também crescem mais rápido quanto mais tempo você demora para pagá-las. Com um agravante: nas dívidas, em geral, são cobradas taxas de juro muito superiores às dos investimentos. Isso quer dizer que uma aplicação de um valor cresce muito mais devagar do que uma dívida de mesmo valor durante o mesmo intervalo. Além disso, as dívidas trazem problemas adicionais, como a inclusão do devedor no cadastro de maus pagadores, o que o impede de fazer coisas como contrair novos empréstimos e, em alguns casos, como no serviço público, até de obter um novo emprego.

A maneira mais adequada de evitar esse ciclo de procrastinação — sempre deixando para depois o que se pode fazer imediatamente — é estabelecer objetivos. Quando firmamos compromissos, mesmo que seja com nós mesmos, tendemos a nos empenhar mais em realizar algo. Funciona mais ou menos como um jogo. O desejo de vencer aumenta o nosso empenho, que é tanto maior quanto mais importância damos à disputa.

Quando alguém precisa fazer dieta, normalmente estabelece quanto peso deve perder. Com o dinheiro, isso também funciona. A melhor forma de estabelecer objetivos em finanças pessoais é fixar metas. Por exemplo: você está começando a poupar agora e quer, dentro de um ano, ter um volume X de dinheiro à disposição. Você pode, então, calcular o que precisa fazer para alcançar esse objetivo dentro do prazo estabelecido. Mas isso não quer dizer que, alcançado o objetivo, você pode parar de investir ou gastar todo o dinheiro que juntou! Da mesma forma que quem emagreceu precisa ter alguns cuidados para manter o novo peso.

Você pode até ter objetivos de curto e médio prazo e usar esse dinheiro para adquirir algo que deseja — viajar, por exemplo. Só não pode se esquecer de que um componente importante do investimento é o futuro, o longo prazo, quando você vai precisar de uma boa soma para aproveitar as coisas boas da vida.

Vencida uma etapa, alcançada uma meta, é hora de estabelecer outra e seguir em frente, motivando-se cada vez mais para obter um desempenho financeiro melhor, sem comprometer o agora, ou seja, sem deixar de aproveitar a vida dentro do razoável.

Fique tranquilo: nas próximas páginas, nós vamos traçar as suas metas e os seus objetivos juntos.

Para que esse planejamento todo faça sentido, é preciso adotar um instrumento que a maior parte das pessoas teme, mas que, no fundo, é o mecanismo pelo qual conseguimos analisar os detalhes mais microscópicos da nossa vida financeira e, enfim, colocá-la em dia: o orçamento.

ORÇAMENTO

Você pode até considerar as perguntas que faço um tanto capciosas ou até invasivas. Elas, no entanto, valem muito a pena para o exercício de autoconhecimento financeiro. Além do mais, lembre-se de que este é o seu diário financeiro, só seu. Ninguém precisa ver ou saber da sua vida financeira, a menos que você queira que alguém o ajude. Então, respire fundo e diga a verdade: você sabe quanto gasta por mês?

....

"Orçamento" é quase um palavrão para a maioria das pessoas. Mesmo aquelas que são obrigadas a viver sob regras financeiras rígidas no trabalho porque lidam com o dinheiro da empresa às vezes dão uma relaxada na hora de cuidar das próprias contas. Mas, se o orçamento pode parecer meio chato de preparar e acompanhar, ele também tem méritos. E os principais são: 1) ele não é tão difícil assim de fazer; e 2) funciona. Funciona muito bem.

O problema de fazer orçamento para as finanças pessoais é o custo mental que isso implica. Anotar todas as despesas pode, para a maioria das pessoas, tornar esse momento muito aborrecido. Hoje, existem vários *softwares* e aplicativos que fazem isso, mas, como os dados precisam ser lançados, a pessoa acaba deixando esses programas de lado após pouco tempo de uso. Se você tem curiosidade, pesquise, compare e verifique se é o caso de utilizar um desses.

O número disponível de aplicativos é muito grande, e praticamente todo dia surge uma boa novidade nessa área. Mas cuidado com as armadilhas. Os aplicativos estão aí para facilitar a vida — e de fato facilitam. No entanto, alguns deles foram concebidos com certa malícia que pode passar despercebida, no início, para quem os utiliza.

Um conhecido caso de artimanha é o do *software* Digit. Criado nos Estados Unidos, o Digit é um aplicativo com muitas funções inteligentes e que praticamente obriga o usuário a guardar dinheiro.

O seu funcionamento é muito prático. O aplicativo conecta-se à conta bancária do usuário e começa a monitorá-la. Em pouco tempo, sabe quanto a pessoa tem a receber e quais são os gastos dela. Em alguns casos, dependendo do acesso que o banco permite, o programa consegue analisar o perfil de entradas e saídas daquele usuário nos últimos três anos e, a partir das informações que colhe, estabelece quanto é preciso deixar na conta para pagar as despesas correntes e quanto é possível desviar para uma espécie de conta de investimento, para ser poupado.

O aplicativo faz as transferências automaticamente a partir dessas informações e ajusta os valores se houver variação na receita ou nos gastos. Logo que ele foi lançado, os usuários dos Estados Unidos conseguiram economizar em média 5,5% da renda mensal, durante cinco meses. Pode parecer pouco, mas esse era um dinheiro que seria gasto sem controle se não fosse pelo aplicativo.

É uma salvação para a vida financeira, isso não se pode negar, mas não sem uma pitada de malícia, que se esconde exatamente no que é feito com o dinheiro. O aplicativo se apropria dos juros do dinheiro economizado. Ou seja, o usuário poupa, mas quem fica com o resultado da poupança são os criadores do Digit. A única vantagem é que o dinheiro não foi gasto, mas tampouco rendeu algo para o legítimo dono.

A maior parte dos aplicativos, entretanto, é inofensiva, justamente porque não tem acesso a operações bancárias. Mesmo assim, antes de adotar um aplicativo ou um *software* de controle financeiro, procure informações detalhadas sobre como ele funciona e pesquise na internet para saber o que outros usuários estão falando a respeito dele.

A TRINCA DE GASTOS

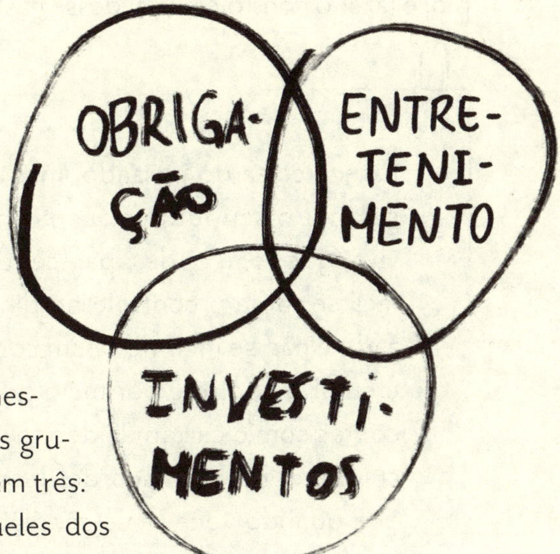

Para quem quer ter o mínimo trabalho possível sem utilizar *softwares* ou aplicativos, a melhor maneira é facilitar as coisas: em vez de anotar tudo, você pode estabelecer limites de gasto para grandes grupos de despesas e fazer esse controle de forma mais superficial. Você mesmo pode estipular os seus grandes grupos. Uma dica é dividir os gastos em três: 1) gastos obrigatórios, isto é, aqueles dos quais não dá para fugir, como alimentação, moradia etc.; 2) de entretenimento; e 3) de investimento.

Só que, para chegar a esse ponto, você vai ter que saber exatamente quanto gasta. Então, durante um mês, não tem escapatória: é preciso anotar tudo e preparar um orçamento.

Esse orçamento de curto período é recomendável para quem deseja saber exatamente para onde está indo seu dinheiro. Quem tem uma vida bastante regular e poucas contas para pagar talvez consiga fazer um bom diagnóstico com apenas duas semanas de anotações. Mesmo assim, pode ser necessário forçar um pouco a memória para se lembrar de tudo. É por isso que o orçamento de um mês é a melhor pedida — ele compreende todas as despesas normais do período. Você pode consultar o extrato bancário e a fatura dos cartões de crédito para tornar a tarefa mais fácil. Entretanto, as despesas extraordinárias provavelmente vão ficar de fora. É por essa razão que será preciso fazer, todo mês, uma reserva para despesas extras, sejam elas emergências ou contas que só aparecem de vez em quando, como, por exemplo, material escolar ou alguns impostos (IPVA, IPTU e outros).

Retornando à trinca de gastos, uma maneira de facilitar a divisão é pensar em porções do salário, ou seja, fracionar o ganho mensal conforme a proporção de gastos obrigatórios, de lazer e de investimento. Dessa forma, é possível sacar o dinheiro que será usado no mês em lazer, por exemplo, e fazer o controle visual desse gasto.

Parece coisa do passado, mas aqui vai uma dica que pode garantir o seu futuro: quanto mais você gasta em dinheiro vivo, que você vê desaparecer do bolso ou da carteira, mais fácil se torna o controle do dinheiro. Quem é bem organizado e não se incomoda em conferir nem fazer contas pode efetuar o controle por meio do extrato bancário e pagar as contas com o cartão de débito. Mas não deve jamais se descuidar, porque o risco de descontrole é sempre maior do que quando você vê as cédulas indo embora cada vez que paga por alguma coisa.

Fixo ou variável?

Para quem tem salário fixo, a tarefa é facilitada, porque os gastos sofrem poucas variações de um mês para o outro e a entrada de dinheiro é praticamente constante e estável. Já quem vive de rendimentos variáveis — é autônomo ou recebe comissão por venda, por exemplo — precisa fazer uma estimativa de renda líquida média, sem a qual não vai conseguir se organizar. Para alguns, mais difícil que fazer a média da renda líquida é entender o que é essa renda e o que ela significa na hora de montar o orçamento. Se esse for o seu caso, dê uma espiada no texto da página seguinte. Neste caso, o ideal é fazer a média de 12 meses, porque, dessa forma, é possível saber como a sazonalidade afeta a renda — em outras palavras, em que meses se ganha menos ou mais em função da época do ano.

Uma alternativa é usar como parâmetro o mês de menor renda no período de um ano e adequar as despesas a ele. Mais importante de tudo, porém, é saber quanto você gasta e *com o que exatamente gasta*, para organizar e disciplinar as despesas. Depois de feito o levantamento, você já sabe quais costumam ser os ralos do seu dinheiro. Aproveite esse diagnóstico e analise detidamente como gastou o seu último salário. Você vai notar que as despesas se dividem entre obrigatórias e não obrigatórias. Procure fazer uma separação prévia dentro desses dois grupos. Mais para frente, você terá a chance de complementar está lista e reclassificar as despesas se necessário. Ao pensar nos gastos obrigatórios, tente listar aqueles que não podem ser mudados de uma hora para outra. Entram nessa conta: aluguel, parcela do carro ou do imóvel, mercado, escola dos filhos, planos de saúde etc. Por isso, em economia, costumamos chamar essas despesas de básicas ou comprometidas. Entre nós, as chamaremos de obrigatórias.

Obrigatórias	Não obrigatórias
....	....
....	....
....	....
....	....
....	....
....	....

Antes de qualquer coisa, e essa tal de renda líquida?

Para calcular o salário líquido, aquele que você efetivamente recebe na sua conta depois de feitos os descontos, é preciso saber exatamente quais são esses descontos. Alguns deles são comuns a todos os trabalhadores contratados pela Consolidação das Leis Trabalhistas (CLT), o regime de contratação com carteira assinada. Outros dependem de acordos coletivos ou dos benefícios oferecidos pelo empregador.

Os principais descontos obrigatórios são os da previdência social (INSS) e do Imposto de Renda (IRPF). O desconto do INSS varia conforme a faixa salarial. São quatro alíquotas: 8%, 9% e 11%, além de um valor fixo para quem ganha acima do teto da tabela.[3]

O Imposto de Renda também é descontado gradualmente, conforme o salário. Nesse caso, o contribuinte tem direito a algumas deduções legais. Quem tem dependentes, por exemplo, desconta da base de cálculo um valor fixo por dependente. O mesmo ocorre para quem paga pensão alimentícia. Ou seja, antes de recolher o imposto "na fonte" (no desconto do salário), é preciso ajustar a base de cálculo (os valores estabelecidos na tabela do Imposto de Renda) conforme as deduções.

O Imposto de Renda tem cinco alíquotas ou faixas de contribuição: zero (ou isento), para quem ganha menos do que o limite para contribuição, 7,5%, 15%, 22,5% e 27,5%. Só que o desconto é progressivo. Quem ganha acima do limite e paga a maior alíquota só recolhe imposto sobre a parte que excede o limite, e não sobre o salário inteiro.[4] É a chamada cascata: o salário é "fatiado" e paga imposto conforme a faixa de contribuição: isento na primeira fatia, 7,5% na segunda e assim sucessivamente, até atingir o teto. A tributação é feita somente no excedente de cada faixa, sempre respeitando a diferença entre aquela faixa e a que vem imediatamente antes dela.

3 Em setembro de 2016, o teto da tabela era de R$ 5.189,82, e o valor fixo descontado para quem ganhasse acima dessa faixa, de R$ 570,88. Você pode consultar as alíquotas na página do INSS: <http://www.mtps.gov.br/servicos-do-ministerio/servicos-da-previdencia/mais-procurados/calculo-de-guia-da-previdencia-social-carne/tabela-de-contribuicao-mensal>.

4 A tabela do IR está na página da Receita Federal na internet: <http://idg.receita.fazenda.gov.br/acesso-rapido/tributos/irpf-imposto-de-renda-pessoa-fisica>.

A empresa também pode descontar total ou parcialmente o valor oferecido como vale-alimentação e vale-transporte até o limite de 6% do salário do empregado. Convênios médicos e outros benefícios são descontados conforme a convenção coletiva, ou seja, aquilo que a empresa acertou com os sindicatos que fazem parte da sua base de empregados.

Sei que todas essas contas parecem um tanto complicadas, mas parte de um comportamento racional com o dinheiro é ter plena noção de para onde ele vai — ou seja, de quais são os seus gastos —, de onde ele vem e o caminho que percorre até chegar à sua conta bancária. Não deixe a responsabilidade dos descontos nas mãos apenas do departamento de recursos humanos da sua empresa ou até do seu empregador. Não estou incentivando a sua desconfiança, mas criando o caminho para que você tenha total consciência de quanto vale o trabalho que você oferece. Informação também é poder.

Por isso, mesmo que o seu holerite discrimine cada um dos descontos, procure utilizar esta página para dividir cada um dos descontos do seu salário, o valor que é descontado em cada caso e, por fim, o valor do salário líquido, que é aquele que você efetivamente ganha.

Salário bruto: ....
Desconto de previdência social (INSS): .... –
Desconto do Imposto de Renda (IRPF): .... –
Desconto do vale-alimentação: .... –
Desconto do vale-transporte: .... –
Outros: .... –

=

Salário líquido: ....

À primeira vista, esse exercício de percepção pode até parecer bobagem. Mas, no momento de escolher um novo emprego ou pedir uma promoção, você considera todas essas taxas? Conheço pessoas, e não poucas, que aceitaram de bom grado um aumento de salário para depois descobrirem que as taxas de desconto também aumentavam e a tão sonhada promoção, na verdade, não representava um aumento significativo da renda líquida no fim do mês.

Como o mercado de trabalho vive uma realidade muito diferente da que existia quando a CLT foi criada, na década de 1940, muita coisa mudou. A legislação trabalhista vem sendo adaptada pouco a pouco, mas muitas formas de trabalho não estão previstas ou não estão inteiramente contempladas nesse conjunto de leis. Uma delas é a prestação de serviços por meio de empresas — também chamadas de pessoas jurídicas.

Muitas pessoas prestam serviços diretos e indiretos a pessoas e empresas com as quais não têm vínculos empregatícios. Essas pessoas, para atuar dentro da lei, precisam formalizar suas atividades. Para isso, elas podem se tornar microempreendedores individuais (MEI) ou microempresários. Essas duas categorias de atividade funcionam como empresas, mas pagam muito menos imposto do que as grandes companhias. São conhecidas no mercado como PJs — sigla para "pessoas jurídicas", expressão que é sinônimo de empresa. A diferença é que o MEI utiliza uma faixa muito baixa de faturamento e está restrito ao próprio prestador de serviços. As microempresas podem ter receita maior e até ter funcionários.

Alguém que trabalhe como chaveiro ou eletricista, por exemplo, pode ser um MEI. Mas, se o mesmo prestador tiver uma oficina de consertos, de instalações elétricas ou hidráulicas e tiver um ganho acima do limite do MEI ou precisar contratar pessoas para trabalhar com ele, terá de abrir uma microempresa e recolher impostos pelo sistema Simples, que paga mais do que o MEI e menos do que as empresas maiores. Os limites de faturamento e as faixas de contribuição são periodicamente atualizados.[5]

Embora não seja legal, algumas empresas contratam pessoas como empresas prestadoras de serviço. Em vez de ter carteira assinada, o profissional trabalha normalmente e, para receber, emite uma nota fiscal. A empresa gasta menos, porque não precisa recolher impostos e encargos trabalhistas sobre aquele funcionário. Eventualmente, pode até pagar um pouco mais do que pagaria se ele fosse formalmente contratado. Só que o profissional deixa de ter vários benefícios.

Por isso, quem prefere se tornar microempresário deve saber que não vai contar com os mesmos benefícios de um trabalhador com registro em carteira. Se esse for o seu caso, veja o que você precisa fazer para assegurar um mínimo desses benefícios. Saiba que o dinheiro para sustentar isso vai sair da sua remuneração. Por isso, prepare-se. Na hora de calcular quanto cobra pelos seus serviços, você deve colocar essas despesas na conta. Às vezes, o dinheiro que uma empresa que contrata como prestador de serviços paga a mais não compensa nem de longe a perda desses benefícios.

Entre os benefícios que um profissional PJ perde estão férias, 13º salário e FGTS. Se ele atua numa companhia como se fosse empregado, pode ser até que a empresa permita que saia de férias, mas ela não tem obrigação de remunerá-lo por isso, como faria com um empregado contratado pela CLT.

5 Confira as diferenças na página da Receita Federal na internet: <http://www8.receita.fazenda.gov.br/simplesnacional/Default.aspx>.

Para compensar o 13º, o prestador de serviços pode pedir um extra na sua remuneração. Se ele ganha R$ 2.000,00 de salário, por exemplo, receberia, ao final de um ano, R$ 26.000,00 – R$ 24.000,00 pelos 12 meses trabalhados mais R$ 2.000,00 pelo 13º. Então, ele deve receber mais R$ 166,66 por mês para compensar a perda com esse benefício.

Com o FGTS, acontece mais ou menos a mesma coisa. Como o fundo de garantia representa 8% do salário do empregado, quem atua em regime PJ precisa incluir mais R$ 160,00 por mês para equiparar o benefício. Se ele investir esses R$ 160,00 todos os meses, terá o equivalente ao que teria no FGTS quando os seus serviços forem dispensados. Mas há um porém: quando uma empresa demite um funcionário sem justa causa, ela precisa pagar 40% de multa sobre o saldo do FGTS (mesmo que o empregado tenha sacado o fundo para pagar, por exemplo, parte da casa própria, o que vale é o total que está ou deveria estar acumulado). Nesse exemplo, para compensar os 40%, o "extra" passaria de R$ 160 para R$ 224,00.

O prestador de serviços terá de se preocupar, ainda, com o pagamento da previdência social. Aí ele pode escolher a contribuição pelo valor mínimo, pelo máximo ou por uma faixa intermediária. As faixas variam.[6] Essa diferença também precisa ser levada em conta na hora de calcular uma remuneração como PJ que seja vantajosa em relação à carteira de trabalho assinada. Em resumo, para compensar a mudança, o profissional PJ precisa ganhar pelo menos 30% a mais do que recebia como empregado para compensar a perda de benefícios como seguro-saúde, vale-transporte, alimentação e outros.

Gastos obrigatórios

Voltando ao orçamento, gastos obrigatórios, ou essenciais, são aqueles dos quais dependemos para manter os nossos compromissos e o nosso padrão de vida. Entre esses gastos, estão, por exemplo, moradia (prestação da casa ou aluguel, condomínio, despesas de manutenção doméstica),

6 Veja na página do INSS as faixas de contribuição para empregados e para contribuintes individuais (autônomos e PJs): <http://www.previdencia.gov.br/servicos-ao-cidadao/todos-os-servicos/gps/tabela-contribuicao-mensal/>.

alimentação, tarifas (água, luz, gás e telefone) e outros serviços. Você fará um orçamento mais adequado se, em vez de apenas anotar os gastos com tarifas do último mês, fizer a média de alguns meses.

Um período de três meses costuma ser suficiente, mas é preciso não incluir na conta os períodos atípicos (como a época de férias ou de viagens, mesmo que a trabalho). É que alguns gastos podem variar no decorrer do ano. Energia, por exemplo. Chuveiros e aquecedores elétricos tendem a elevar a conta no inverno, enquanto, em regiões mais quentes, o ar-condicionado força o consumo no verão. Uma forma de contornar esse problema é pegar as contas antigas e calcular quanto se gasta (em quilowatts/hora) a mais de energia, em média, nos meses de inverno.

Em todo caso, fica aqui uma sugestão: um simples ventilador demanda muito menos eletricidade. Se o ventilador é capaz de assegurar o conforto de que você precisa dentro de casa, opte por ele. A conta de energia vai ficar bem menor. De acordo com a Eletrobras, um aparelho de ar-condicionado de potência média consome 6,5 vezes mais energia do que um ventilador de teto de eficiência média e até 12 vezes mais do que um ventilador de mesa pequeno. Se, por exemplo, o ventilador de teto representar R$ 100,00 por ano na conta de luz, o aparelho de ar-condicionado elevaria a conta para R$ 650,00 anuais. Quando os gastos estão na ponta do lápis, o prejuízo até parece maior, não é? Acontece que esse prejuízo já existe na sua conta; a única diferença é que, por enquanto, você não o visualizou ou nem se deu conta dele.

No item alimentação, deve-se prestar atenção a um detalhe. Trata-se, basicamente, da alimentação em casa, mas esse item precisa incluir, também, a refeição cotidiana de quem trabalha ou estuda e precisa se alimentar fora.

Também entram na categoria obrigatórios os gastos com educação — e, eventualmente, transporte escolar —, locomoção (veículo próprio ou transporte público), TV por assinatura, internet, plano de saúde (se você optou por assumir essas despesas fixas mensais) e todas as contas da casa. Este é o valor que você já começa devendo todos os meses.

Se pensar em gastos já é difícil, classificá-los é uma tarefa que não consta na nossa lista de desejos, muito menos de prioridades. No entanto, é dessa classificação de despesas que a sua "fórmula mágica" para economizar vai sair. Pode ser que você nem tenha todas essas despesas. Para facilitar, determine quais são os gastos que você não consegue mudar de uma hora para outra. São eles que determinam o seu padrão de vida e precisam de constante vigilância. Nesse caso, cabem sempre duas perguntas:

1. Eu realmente preciso gastar com isso?
2. Há algum modo de gastar menos com esse item sem prejudicar a qualidade de vida?

Gastos de entretenimento

Estabelecidos os gastos obrigatórios, vamos para a segunda categoria. Considerando que todo mundo precisa de algumas válvulas de escape

— e o lazer é a principal delas —, vou chamar esses gastos de gastos de entretenimento. Nesse tipo de despesa, incluímos a compra de roupas e calçados, o *happy hour* com os amigos, a viagem de fim de semana, as idas ao cinema, teatro, shows ou restaurante — lembrando que aqui falamos da gastronomia "de lazer", não da comida do dia a dia.

Esse tipo de gasto não é *necessário* para a nossa sobrevivência, mas é ele que, ao impulsionar a vida social, torna a existência mais agradável e ajuda a dar sentido ao tempo e ao esforço que dedicamos ao trabalho. É o tipo de despesa que ajuda a definir o nosso padrão de vida. Não é razoável nem saudável abolir os gastos com entretenimento. Por isso, eles são uma variável importante na equação do orçamento.

Para alguns, acostumados com as receitas de riqueza disseminadas pela mídia e até por alguns estudiosos, o dinheiro reservado para a felicidade de cada dia pode parecer uma irresponsabilidade. No entanto, a meu ver, essa reserva monetária em prol do bem-estar é a maneira mais racional de cumprir o seu plano monetário e de vida hoje e no longo prazo e com qualidade.

Gastos com investimento

Por fim, temos uma terceira categoria de despesas, que podemos chamar de investimento ou, se preferir, de pague a si mesmo.

O que é pagar a si mesmo? É reservar uma parte dos seus ganhos para formar patrimônio, para aumentar os seus recursos disponíveis. Em última instância, é assegurar a tranquilidade do seu futuro, a sua aposentadoria.

Na verdade, não se trata de um custo, mas da parcela que cada um consegue poupar. Agora, se você encarar como uma despesa, vai ter muito mais facilidade — e disciplina — para pensar nesse dinheiro como algo necessário, que fará bem à sua saúde financeira, especialmente no futuro.

Lembra-se do conselho de que fica mais fácil quando impomos a nós mesmos um objetivo? Fazer as contas e escolher, realisticamente, um valor a poupar todos os meses é uma boa forma de incorporar o investimento no quadro das despesas mensais.

Pense no pedido que fez no início do livro e depois analise o valor que precisa poupar para que ele se torne realidade.

Trace seus objetivos

Você sabia que é possível até mesmo prever quanto é preciso economizar para atingir os objetivos em diferentes prazos? Podemos testar esse exercício de racionalidade, que vale tanto para obter o patrimônio que vai assegurar uma aposentadoria quanto para adquirir um bem ou fazer uma viagem sem se enfiar em dívidas. Vejamos:

Caso 1

Você quer um aparelho de TV novo, que custa cerca de R$ 1.500,00, mas não pretende desembolsar todo esse dinheiro de uma vez nem pagar os juros de uma prestação. As lojas estão oferecendo o produto em seis vezes de R$ 280,00, o que daria um total de R$ 1.680,00 pelo produto. Supondo que você aplique o mesmo valor da prestação a juros de 12,7% ao ano, a situação seria a seguinte:

INVESTIMENTO COM JUROS DE 12,7% AO ANO (EM R$)

MÊS	TOTAL DEPOSITADO	SALDO APÓS 30 DIAS
1	280,00	282,80
2	560,00	568,44
3	840,00	856,93
4	1.120,00	1.148,32
5	1.400,00	1.442,62
6	1.680,00	1.739,87

Caso 2

Usando a mesma lógica, você quer guardar dinheiro para ter uma reserva confortável no fim da vida. Não vamos repetir o gráfico de evolução da aplicação aqui, porque ficaria longo demais. Mas, supondo um investimento de R$ 300,00 por mês durante 120 meses (dez anos), 180 meses (15 anos) e 240 meses (20 anos) você pode obter o seguinte capital, à mesma taxa de juro de 12,7% ao ano:

INVESTIMENTO COM JUROS DE 12,7% AO ANO (EM R$)

PRAZO (EM MESES)	VALOR DEPOSITADO	SALDO MAIS JUROS	JUROS RECEBIDOS NO PERÍODO
120	36.000,00	69.766,84	33.766,84
180	54.000,00	151.600,25	97.600,25
240	72.000,00	300.382,20	228.382,20

Note que, como se trata de um investimento de longo prazo, os juros compostos (juros sobre juros) fazem com que o valor recebido como remuneração torne-se maior do que o valor aplicado com o passar do tempo (isso ocorre, nesse exemplo, por volta de 12 anos de aplicação).

Tenha em mente que os ganhos podem ser muito maiores. Primeiro porque você pode investir valores mais altos do que os R$ 300,00 mensais do exemplo. Segundo porque, de acordo com a conjuntura, é possível obter taxas de juro superiores aos 12,7%, utilizados aqui para simplificar o entendimento.

Se você investir parte da renda mensal de forma disciplinada e vigilante, mesmo que não tenha intenção de se aposentar, chegará à idade madura com um patrimônio bem mais sólido e, portanto, terá condições de optar com mais segurança por continuar trabalhando, se dedicar a um negócio ou simplesmente gozar as conquistas realizadas ao longo da vida. Até porque você pode até desejar não se aposentar jamais, mas essa é uma decisão que não está no seu controle. Pode ser que as circunstâncias da vida o levem à direção contrária do que planejou. Nesse caso, é melhor estar preparado.

Essa reserva permite que você faça isto: se previna contra os imprevistos ou até mesmo se permita mudar de ideia sobre o que fazer no futuro. E, quanto maior for o patrimônio acumulado, maior será o cardápio de alternativas. Lembre-se de que a economia que, à primeira vista, pode lhe parecer prisão, é, na verdade, liberdade e (por que não repetir?) felicidade a longo prazo.

No final de todas essas contas, o que vai ajudá-lo a poupar dinheiro sem que isso pareça um sofrimento é a classificação dos gastos e a distribuição do seu dinheiro na trinca. É unanimidade entre os estudiosos da emoção que a felicidade em medidas "parcimoniosas" é mais aconselhada do que a euforia isolada em um período de tempo. Essa economia das emoções não se difere tanto da economia financeira que eu proponho a você. Sentir-se bem sempre, sabendo que no futuro esse bem-estar não terá fim, parece até senso comum, mas talvez seja a fórmula mágica pela qual você vem procurando há tempos.

QUANTO TEMPO CUSTA GANHAR O SEU DINHEIRO?

Agora que você já sabe quanto gasta, nada mais justo do que descobrir quanto realmente ganha. Ao contrário do que você provavelmente supõe, essa não é uma resposta que pode facilmente ser encontrada no contrato de trabalho, no contracheque ou até mesmo no extrato do banco. Na verdade, exige exercício de comparação. E é com ele que começamos agora.

O conceito de caro ou barato é muito relativo. Duas pessoas que ganhem o mesmo salário podem considerar um produto caro ou não, dependendo do valor que cada uma dá a ele. Quem ama *rock 'n' roll* pode pagar R$ 200,00 ou mais no ingresso de um show de uma de suas bandas favoritas e achar que o gasto valeu a pena. Quem até gosta da música mas não dá tanta importância a ela talvez hesite em desembolsar R$ 50,00 pelo mesmo ingresso. Uma das formas mais eficazes de tirar essa prova a limpo é transformar o preço em tempo.

Quanto você precisa trabalhar para comprar aquele bem que tanto deseja? Quantas horas, quantos dias, semanas, meses...? Claro que produtos de valor mais elevado demandam mais tempo de trabalho, mas é por isso mesmo que devemos fazer as contas e verificar se o nosso padrão de vida comporta o gasto a que nos propomos e se realmente vale a pena efetuar aquela despesa. É uma fórmula que nos ajuda a pensar em alternativas e escolher aquilo que é melhor para o nosso bolso — ou que valorizamos mais.

Quer um exemplo? Uma camiseta de R$ 20,00 representa quantas horas de trabalho para alguém que receba R$ 1.000,00 líquidos por mês?

Salário = R$ 1.000,00 líquidos

Horas trabalhadas/mês = 240

Salário/hora = R$ 4,17

$$\text{Camiseta} = \text{R\$}\ \frac{20}{4{,}17} \cong 4{,}88 \Rightarrow 4\text{h}48\text{min}$$

R$ 20,00 = 4h 48 min

Portanto, neste caso, a camiseta "custa" 4 horas e 48 minutos de trabalho.

A mesma conta pode ser feita para todos os outros gastos com bens e serviços: carro, aparelhos eletrônicos, viagens, jantares, massagens, mensalidade da academia ou da TV por assinatura etc. Ao calcular o tempo que leva para ganhar o equivalente ao preço daquele bem, você tem uma dimensão do "sacrifício" que aquilo lhe custa.

Preste atenção a um detalhe: como ninguém trabalha para comprar só a camiseta ou só o carro ou o novíssimo modelo de celular, o valor de um bem em horas também tem que ser *relativizado*. Afinal, se algo custa 200 horas do seu trabalho e você tem um número limitado de horas de salário a receber (em geral, 240), vão restar apenas 40 horas de trabalho para pagar as demais despesas, caso o gasto seja feito. Seja sincero: vale a pena?

Saber quantas horas ou quantos dias de trabalho um produto ou um serviço custa para você vai ajudá-lo a evitar compras por impulso, que são um dos maiores vilões de qualquer controle financeiro. Sabendo o tamanho do "sacrifício", tendemos a avaliar melhor o gasto.

Isso também nos ajuda a priorizar as despesas. Como já disse, escolhas necessariamente implicam renúncias. Se você vai comprar um produto, provavelmente não vai conseguir adquirir outro no mesmo mês. Então, você pode, com a ideia de quanto cada um custa em tempo trabalhado, decidir qual é mais importante obter primeiro ou qual mais convém ao seu orçamento naquele momento. Isso pode ajudá-lo a economizar e juntar o dinheiro necessário para comprar o que precisa ou deseja sem se atolar em dívidas.

O DINHEIRO DANÇA CONFORME A MÚSICA

Ninguém sabe o dia de amanhã, mas cada um sabe, exatamente, onde o calo aperta — ou onde o bolso dói. Por isso, sabendo que as necessidades de cada pessoa são diferentes e que existe sempre a possibilidade de alguém passar por um período da vida em que não é possível atender à divisão programada, não vamos trabalhar com proporções fixas.

Em vez de propor que reserve uma parte determinada do seu orçamento para investir, por exemplo, sugiro que você mesmo encontre a divisão ideal do seu dinheiro, conforme o seu perfil de despesas e também de acordo com o que você almeja para a sua vida. Mas lembre-se: não vale se enganar criando necessidades artificiais no presente e negligenciando o amanhã. Quanto menos você guardar, menos terá para ser feliz no futuro. E quanto mais demorar para começar a poupar, pior.

A ideia é que qualquer pessoa com um ganho fixo ao mês possa fazer a divisão dos gastos. Talvez para você isso pareça impossível no momento. Pense se isso não se deve ao fato de você não estar no padrão de vida adequado à sua renda. Nos anos 2000, uma música sugeria que cada um ficasse no seu quadrado. Gostemos dela ou não, a "Dança do quadrado" fez relativo sucesso. Tanto que o verso principal, contando com o humor próprio do brasileiro, logo se tornou uma expressão muito repetida. Em economia, quando o assunto é padrão de vida, sou obrigado a concordar: cada um precisa viver de acordo com as próprias possibilidades, sem ultrapassar os limites do seu quadrado, tenha ele que tamanho tiver.

Desse modo, o melhor que cada um pode fazer é procurar viver intensamente o momento presente, sem jamais descuidar do futuro. Se você não ganha o suficiente para fazer uma viagem ao exterior e poupar ao mesmo tempo, faça uma viagem pelo Brasil. Ao contrário da maioria dos povos, temos um país imenso, cheio de diversidade geográfica, cultural e humana. Você vai ver que é melhor se contentar com o que parece menos agora se puder desfrutar um pouco mais lá na frente. Já pensou em quão triste será se você chegar à época da aposentadoria e não precisar — ou não puder — mais trabalhar e descobrir que terá de baixar acentuadamente o padrão de vida porque não foi suficientemente previdente?

Dívidas? Acabe com elas

Em finanças pessoais, a chave da tranquilidade é viver sem dívidas. Aqui, cabe uma ressalva: dívidas imobiliárias são exceção. Primeiro porque costumam ter taxas de juros menores. Segundo porque, sem elas, a maioria da população não conseguiria obter uma casa. Tirando esse caso, quanto menos endividada, mais a pessoa pode controlar o dinheiro que recebe. E mais segura ela fica em caso de imprevisto. Vamos fazer uma suposição. Digamos que você contrate uma dívida para os próximos dois anos. Você faz todas as contas e conclui que consegue pagar o débito religiosamente, mas vai ficar sem nenhuma reserva até liquidar o compromisso. Por mais otimista que seja, você acha que tem condições de prever que *nenhum* incidente vai alterar o curso da sua programação nesse período?

Imprevistos têm esse nome exatamente porque estão fora do nosso controle. Você pode muito bem adotar todos os cuidados do mundo — dirigir com cautela, não frequentar locais perigosos, evitar esportes de contato para não se machucar e muitas outras coisas — e nem assim terá a segurança de estar imune a uma doença ou um acidente, pois são fatores que fogem à nossa capacidade de administrá-los. Isso sem falar em uma crise, uma recessão que leve à perda do emprego ou à diminuição da renda, a um aumento súbito nos gastos com determinada despesa mensal — alimentação, saúde, transporte etc.

Percebeu? Contrair uma dívida dessa maneira é praticamente um ato irracional. Por mais fé e otimismo que você tenha, não há lógica em acreditar que vai dar certo assim tão facilmente. Por isso, pense bem antes de contratar um financiamento. Se ele puder ser evitado, evite. Se for necessário, procure fazer de um modo em que sobre uma reserva para o futuro — e também para os imprevistos do curto prazo.

Mas eu insisto. Dívidas, só em último caso. É fundamental liquidar todas elas o quanto antes. Principalmente as mais longas ou as de alto custo. Vale até adiar — um pouco, não muito — os investimentos. Devido aos juros elevadíssimos no Brasil, é melhor deixar para poupar depois de pagar as dívidas. A não ser em um caso: quando você financiou um imóvel e, mesmo pagando a prestação, ainda consegue guardar uma parte do salário. Como os financiamentos imobiliários são em geral de longuíssimo prazo, se você está em um, procure simultaneamente poupar parte da sua renda. Quando acabar de pagar o imóvel, você poderá usar o valor antes destinado à prestação para aumentar tanto os seus investimentos quanto os seus gastos. Essa pode ser uma situação em que a mudança de padrão de vida é viável — é possível dizer até que é para melhor, já que, nesse caso, você conseguirá bancar a melhora. Sem dívidas e com patrimônio formado, você pode oferecer um pouco mais a si mesmo.

Fora essa situação, é sempre melhor pagar a dívida primeiro, se possível antes do prazo. Isso porque invariavelmente as dívidas cobram juros mais elevados do que se paga nas aplicações financeiras. Se você consegue pagar a dívida antecipadamente, está se livrando de uma taxa de juro elevada. Como os juros são cobrados ao longo do tempo, pagar antes significa ter um desconto no valor cobrado. Aliás, só antecipe o pagamento se tiver certeza de que os juros cobrados são proporcionais ao tempo. Aprenda a encarar os juros e a negociar com eles; deixe de apenas temê-los. Coloque a racionalidade para trabalhar a seu favor, porque quem lhe cobra juros com certeza está colocando a racionalidade para trabalhar a favor de si.

Conheça os seus monstros

1. Liste todas as suas dívidas: desde a prestação da casa e do carro até os créditos pessoais e as faturas de cartão de crédito que você está rolando.

....

....

2. Em seguida, some tudo e veja quanto essas dívidas levam embora da sua renda todos os meses.

....
+
....
+
....
+
....

....

3. Ataque o problema. Livre-se de todas elas, a começar pelas mais caras (as que pagam juros maiores).

4. Se for possível, renegocie as dívidas e peça juros mais baixos. Bancos e administradoras de cartão costumam aceitar propostas de renegociação. Mas atenção: não contraia outras dívidas para pagar as antigas, a menos que você encontre condições muito favoráveis. Por exemplo: você tem um crédito pessoal ou uma dívida no cartão a juros elevados e consegue um empréstimo consignado com taxas menores para pagar o valor total da dívida anterior e mais cara. Assim vale a pena. Mas não pegue mais dinheiro do que precisa nem faça disso — procurar novas dívidas menores para saldar as antigas, mais caras — um hábito, porque você continuaria sangrando o seu orçamento.

Não custa repetir: o juro que você recebe no investimento nunca é igual ao que você paga na dívida. Com as taxas elevadas praticadas no Brasil, existe um grande risco de os juros de uma dívida corroerem rapidamente todo o rendimento de um investimento, por maior que seja o retorno deste. A dívida, quando houver, deve fazer parte do orçamento. Entra como gasto obrigatório. Por isso, ele precisa ser muito bem planejado, a fim de abrir espaço para uma folguinha.

A parte destinada ao investimento será baixa se você comprometer toda a sua renda com os gastos obrigatórios e com o entretenimento. E, claro, lembre-se de não gastar mais do que ganha. Não adianta você poupar todo mês 20% ou 30% da renda líquida e ter de recorrer ao cheque especial ou ao rotativo do cartão de crédito para apagar o incêndio das contas que estão vencendo. Quando isso acontece, a sua vida financeira está fora de controle. Você precisa voltar lá atrás, refazer o seu orçamento e colocar o bonde nos trilhos. Se a contratação dessa dívida for adiável, melhor. Que fique claro: enquanto você não se compromete com a dívida, pode juntar dinheiro e tentar pagar pelo bem ou serviço que está adquirindo à vista ou, pelo menos, poupar o suficiente para dar uma entrada maior e contratar um endividamento com prazos menores e juros mais baixos. Isso é válido inclusive nos financiamentos de longo prazo (como automóveis; embora seja melhor, sempre, tentar comprar à vista) e de longuíssimo prazo (imóveis). Não caia na tentação de financiar gastos cotidianos. Não faz sentido parcelar um gasto que você tem todo mês, como o do supermercado, por exemplo. Em vez disso, ajuste seus gastos à sua disponibilidade financeira.

Vamos supor que você queira trocar de carro, mas não tenha dinheiro suficiente para cobrir a diferença entre o modelo que possui atualmente e o que pretende adquirir. Se o seu carro atual ainda rodar sem problemas, melhor do que entrar num financiamento será pegar o valor que iria ser pago nas parcelas e depositar em um bom investimento.

Esse dinheiro vai rendendo por, digamos, um ano ou dois, até que você tenha o suficiente para pagar ou pelo menos para aumentar bastante o valor da entrada. Assim, você terá um financiamento de prazo mais curto e com certeza com juros bem mais baixos.

Falo mais sobre isso quando for tratar de imóveis e automóveis, mas é bom saber desde já que o juro é maior quanto maior o valor financiado e o prazo da operação. Resumindo: quanto maior a entrada, menor o valor financiado, menor o prazo para pagar, menor o risco do financiamento e mais baixos os juros. Como valores mais altos e prazos mais longos representam maior risco para quem empresta o dinheiro, o juro reflete esse risco ficando mais alto. Funciona como uma espécie de compensação para o financiador por ele se submeter a um risco mais elevado.

Embora seja importante quitar as dívidas o quanto antes, convém prestar atenção a alguns pontos: não é viável sacrificar demais o investimento e o entretenimento para pagar dívida. Se ela foi contraída em uma situação de emergência, procure cortar algum gasto obrigatório para que ela caiba no conjunto de despesas e não quebre o seu orçamento. Pode ser uma solução provisória, até que a dívida seja quitada. Depois é possível voltar ao padrão de gasto anterior. Ou não. Você pode perceber que não "precisa" gastar com determinados bens e serviços, que vive bem sem eles e pode deixar uma sobra maior para investir.

Quando imaginamos os ajustes necessários para pagar uma dívida, logo os relacionamos aos gastos de maior "mobilidade". No curto prazo, ou seja, por até três meses, realmente é possível cortar os gastos com restaurantes e passeios, por exemplo. Por períodos mais longos, no entanto, isso se torna complicado, porque prejudica a qualidade de vida. Lembre-se: o dinheiro é para proporcionar uma existência minimamente agradável, não para transformar a vida em um tormento.

Quando se faz necessário um corte mais drástico é importante rever todo o orçamento. Uma solução, entre várias, pode ser gastar menos com habitação, mudando-se para um imóvel menor e mais barato, como veremos no passo 4. Nesse caso, você não estará apenas mudando de casa, mas também de padrão de vida.

Pode surpreender numa primeira olhada, mas cortar os gastos obrigatórios é o melhor truque para equilibrar as contas, fazer sobrar mais dinheiro para investir e até para se divertir. Além de serem quase sempre os maiores devoradores de dinheiro dentro de um orçamento, são eles que definem o padrão de consumo cotidiano de uma família ou pessoa. E nem sempre ter um padrão elevado é benéfico. Este é o momento crucial para fazer uso da racionalidade e — por que não?— de um pouco de coragem para encarar a realidade. Mais uma vez, é o tipo de mudança de atitude que parece dolorosa no começo, mas é saudável e recompensadora para a vida financeira e, de sobra, para a vida "emocional".

Padrão de vida é algo que se escolhe, e você pode ter escolhido errado

Qualquer um pode manter um padrão de vida bem razoável sem (sofrer) gastar tanto. Quer ver? Acompanhe o seguinte raciocínio, mesmo que você não tenha filhos. Você, como pai ou mãe preocupado/a, não quer prejudicar a qualidade da escola do seu filho, não é? Então, só pensará em colocá-lo em uma escola mais barata e de padrão inferior se for uma necessidade muito grande; se a família estiver passando por apuros financeiros e precisar reduzir as despesas de todas as maneiras. Nesse caso, todos farão sua parte, e não só a escola dos filhos será sacrificada.

Por mais que você queira a melhor escola para ele, não adiantará quase nada oferecer educação de boa qualidade se não puder prover outras necessidades básicas da família, incluindo saúde, alimentação e lazer. Sim, lazer é uma necessidade básica. Raras são as pessoas que conseguem manter uma vida só de trabalho e responsabilidade, sem nenhum momento de descontração. Quando se trata de crianças e jovens, então, o entretenimento é vital. Não só para assegurar a estabilidade emocional, mas também para manter a motivação para fazer as coisas *necessárias* da vida — estudo, por exemplo.

E tem mais um aspecto: ao colocar o seu filho em uma escola cara demais para o seu padrão de vida, você estará dando a ele um claro sinal de indisciplina e irracionalidade financeira. Na melhor das hipóteses, estará passando a mensagem errada. Ele vai crescer achando que é uma espécie de *reizinho* da família, pelo qual os pais, seus servos, fazem de tudo. Ele pode nem perceber que esse *tudo* inclui uma boa dose de sacrifício. Além de não dar a ele o exemplo da disciplina e do comedimento, isso cria condições para que a criança ou o jovem tenha uma visão distorcida da realidade, principalmente da realidade financeira.

Psicólogos explicam que crianças com comportamentos mesquinhos ou egoístas costumam ter dificuldade em se adaptar à vida adulta e não sabem lidar com escolhas nem frustrações. Escolhas, renúncias — citadas mais de uma vez ao longo deste livro — e também frustrações são indissociáveis da vida de qualquer pessoa. Ao criar um filho incapaz de lidar com elas, você dificilmente o ajudará a se tornar uma pessoa bem-sucedida no campo financeiro, emocional, profissional e social.

Feitas todas essas considerações, a questão é: quando o assunto é a escola do seu filho ou quaisquer outros gastos, você precisa trabalhar com a sua realidade. Para defini-la melhor, faça a si mesmo algumas perguntas, reunindo todas as informações que lhe passei até esta página.

Qual é o meu orçamento real?

....

Quanto eu ganho?

....

Quanto gasto por mês?

....

Como gasto o meu dinheiro (quanto vai para cada um dos três tipos de gasto que fazem parte da vida de qualquer pessoa)?

....

Algum produto ou serviço custa caro demais para mim pelo tempo que me obrigaria a trabalhar para pagá-lo?

....

Tenho dívidas?

....

Com todas essas informações claras na sua mente — ou no papel ou em uma planilha eletrônica —, fica muito mais fácil responder à pergunta principal: qual é o seu real padrão de vida?

De qualquer forma, até o final deste livro, você terá muitas oportunidades de reencontrar essa questão. E também terá acesso a outras informações para alimentar a sua atitude racional em relação ao dinheiro.

Talvez a sua situação não seja tão extrema e você precise apenas rever alguns gastos. Por isso, antes de tomar a decisão de buscar outra escola, você pode verificar se o estabelecimento em que o seu filho estuda oferece algum tipo de bolsa. Supondo que você consiga 10% de desconto, esse dinheiro poderá ser empregado no lazer da família ou destinado a uma aplicação. Um desconto desse porte pode parecer pequeno, mas não é. Se conseguir 8% de desconto, ao final de um ano, você terá economizado mais de uma mensalidade. Que tal?

☐ SIM ☐ NÃO

Outra forma de baixar os gastos obrigatórios é avaliar muito bem certas despesas. Principalmente a contratação de serviços. Eles são realmente indispensáveis? Você precisa, por exemplo, de um plano de celular com tantas horas de internet, tantos minutos de ligação, torpedos etc.? Você realmente usa tudo o que contratou ou está pagando por algo que jamais chega a utilizar?

Analise a sua conta e verifique se você está usando tudo o que paga ou se é o caso de passar para um pacote menor. Mas analise sem condescendência. Temos a tendência de justificar as nossas escolhas. Em vez de dizer "eu mereço" ou "eu preciso" de um pacote de dados extravagante, consulte a fatura e veja quanto você realmente faz uso do que gasta. Com essa informação nas mãos, procure um plano mais condizente com as suas necessidades reais e migre para ele.

É possível que você consiga economizar até mesmo mudando para um plano de telefonia superior ao atual. Isso pode ocorrer se você utiliza mais do que o total de minutos contratados em um ou mais serviços e acaba pagando pelos excedentes. Verifique. Em primeiro lugar, veja se não está apenas esbanjando ou se você realmente precisa de tantos serviços. Se não der para cortar tempo de ligação, internet ou SMS, consulte a operadora para saber se não existe um pacote mais adequado ao seu perfil de consumo pelo qual você pague menos do que está pagando hoje. Adapte-se ao novo pacote e procure não estourar os novos limites. Caso contrário, de nada vai adiantar o seu esforço para readequar a conta do celular. De tempos em tempos, dê uma olhada nos seus pacotes de serviços, como telefonia e TV por assinatura. As operadoras sempre mudam a configuração dos pacotes e pode ser que o adequado ao seu perfil de consumo naquele momento esteja mais barato. Peça para mudar, se for o caso.

☐ SIM ☐ NÃO

Da mesma maneira, verifique o plano de telefonia fixa. Insista com a operadora para que disponibilize um pacote adequado ao seu perfil de uso. Se tiver a opção de trocar de operadora, use esse artifício para negociar melhores condições para o seu pacote.

Olhe também se o seu gasto com televisão por assinatura não está superdimensionado. Você é daqueles que assinam um plano recheado de atrações, mas não consegue assistir nem à metade dos canais disponíveis? Se for, eis uma boa oportunidade para cortar uma despesa desnecessária.

Afaste da cabeça aquela ideia de que é preciso ter o pacote todo disponível para o dia em que você quiser — e puder — assistir. Se você gosta de filmes, mas não os assiste com frequência, avalie se não fica mais barato usar o *pay-per-view* quando realmente tiver disponibilidade para desfrutar dessa disponibilidade. Veja ainda se a oportunidade coincide com a exibição de algo no qual você tenha interesse. De que adianta ter tempo, mas não contar com a transmissão de um programa que você realmente queira ver? O mesmo vale para os canais de esporte. Se é para assistir a um jogo ou outro apenas, vale fazer as contas e ver se não custa menos pagar à parte.

☐ SIM ☐ NÃO

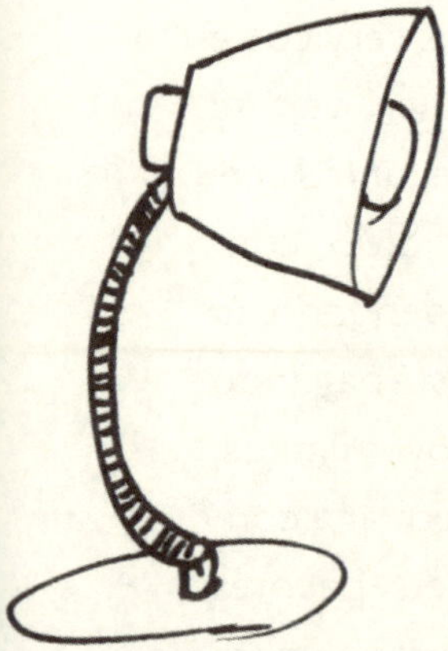

Assim que puder, instale equipamentos inteligentes e de baixo consumo em casa e economize energia. As modernas lâmpadas de LED são pelo menos sete vezes mais econômicas do que as antigas lâmpadas incandescentes — que deixaram de ser produzidas e, portanto, estão em extinção no Brasil — e pelo menos três vezes mais do que as fluorescentes, conhecidas como "lâmpadas econômicas". As de LED custam mais caro, porém duram mais; podem reduzir o consumo de energia com iluminação em até 90% e, no médio prazo, compensam amplamente.

Sensores e dispositivos que apagam luzes ou desligam aparelhos fora de uso e produtos que economizam água também podem ajudá-lo bastante no equilíbrio das contas. O desperdício de água e energia pode ser derivado de dois grandes ralos pelos quais o seu dinheiro escoa sem você perceber.

A partir do momento em que adquirir o hábito, você verá que economizar energia e água não é exatamente um gesto desesperado de quem *realmente precisa* fazer o dinheiro render. É uma atitude inteligente — desde que não se transforme em paranoia —, que faz bem à saúde do bolso e lhe permite ter uma sobra de caixa maior para desfrutar melhor o que a vida tem a oferecer. Além disso, você gasta menos e ainda ajuda a preservar o planeta para as futuras gerações. É uma questão de civilidade.

☐ SIM ☐ NÃO

Lembre-se: padrão de vida é um custo perene, ou seja, que carregamos pela vida toda. Sempre que aumentamos o padrão de vida, logo nos acostumamos ao degrau mais elevado e em seguida paramos de sentir os benefícios dessa melhora. Se compramos uma televisão de última geração, com ótima imagem, depois de algum tempo só vamos nos dar conta de que ela é muito boa se por acaso experimentarmos uma TV com padrão de imagem nitidamente inferior.

Padrão ou prisão?

Muitas vezes, para sustentar um padrão de vida acima do recomendável, somos obrigados a manter algumas obrigações que poderíamos dispensar facilmente se nos acostumássemos com um pouco mais de simplicidade. Podem ocorrer inúmeras situações do gênero, mas vou me ater a apenas uma, a título de exemplo. Vamos imaginar que você deseje manter uma casa de alto padrão, gastos mensais elevados ou um carrão mais incrementado. O seu padrão de vida, do ponto de vista meramente econômico, será mais elevado, não? Mas e a sua qualidade de vida, como ficará?

Veja, é apenas um exercício de imaginação, mas pode ser que você se veja obrigado, para manter tudo isso — mesmo que opte por apenas um ou dois desses gastos —, a trabalhar mais horas ou aceitar um emprego que não é o dos seus sonhos, porque nele você ganha um pouco mais e consegue pagar por todo esse luxo.

Se esse é o seu caso — e, acredite, é o caso de muita gente —, você já parou para pensar em qual é a validade real de tudo isso? Será que você não ficaria melhor se tivesse uma casa mais modesta, um carro mais econômico e muito mais tempo para usufruir deles? Não seria melhor se você não trabalhasse tanto e pudesse viajar mais vezes? Um emprego mais agradável, que lhe pagasse um pouco menos, não poderia render mais satisfação e qualidade de vida? Ou será que você prefere oferecer à sua família todo conforto material e pouco — ou até nenhum — apoio emocional? Ou será que você prefere uma vida cara da qual não pode usufruir? Vale a pena privar-se da companhia daqueles que você ama, seja a família ou os amigos? Você acha que os seus filhos vão considerá-lo um pai ou uma mãe melhor porque você deu a eles todo respaldo material, mas não brincou, não viajou e, muitas vezes, sequer os viu crescer?

Pense nisso.

Sabe a grama do vizinho?

A rigor, qualquer pessoa com padrão de vida razoável hoje vive melhor do que um rei do início do século XX. Tem mais saúde, se alimenta melhor, tem mais entretenimento, mais qualidade de vida e acesso a muitos bens e serviços que antes nem mesmo a mais alta nobreza sonhava ter.

Então, por que não somos mais felizes do que um rei do século passado? A resposta é simples: a nossa base de comparação mudou. Agora, muitos podem ter o que temos, e, portanto, não há uma vantagem clara que nos distinga dos demais e nos faça mais felizes. Por isso, tire da cabeça a ideia de que você será mais feliz se comprar mais. Ao contrário. Você pode ser mais feliz com menos, tendo só aquilo que realmente importa e usando o dinheiro do que não é essencial para poupar e se divertir mais.

Além disso, tenho certeza de que, depois de se acostumar a esse modo de vida, você não sentirá falta nenhuma de ser um colecionador de objetos e serviços que não utiliza ou utiliza pouco.

PASSO 3:
VIVA (BEM) O PRESENTE

Um dos grandes segredos para manter a saúde financeira equilibrada é não se exceder na hora de definir o padrão de vida. O ideal mesmo é viver um degrau abaixo do que a sua renda lhe permite. Quem leva um padrão de vida ligeiramente mais modesto do que aquele que o seu dinheiro pode proporcionar tem pelo menos três vantagens.

A primeira é ter uma sobra um pouco maior para investir e, portanto, aumentar o patrimônio mais depressa. A segunda é poder contar com esse patrimônio maior em uma emergência. E a terceira é sentir um impacto menor se tiver de se adaptar a um padrão menos elevado.

Ninguém gosta de baixar de padrão de vida. Todo mundo relaciona quantidade de conquistas, principalmente em termos materiais, a sucesso na vida. No entanto, por mais que nos preparemos, sempre pode ocorrer algo inesperado e fora do nosso controle capaz de causar reviravoltas e mudar completamente o rumo da existência: um momento de baixa, uma doença muito grave, uma falência, a perda do emprego, um acontecimento trágico.

Se tiver uma boa reserva e a maré baixa for passageira, você poderá atravessá-la sem muitos percalços e sem mexer demais no seu perfil de consumo e de investimento. Mas, se a reserva for pequena ou se a situação perdurar por um período mais longo ou, na pior das hipóteses, permanentemente, não haverá outra saída a não ser cortar despesas e se ajustar à nova realidade.

O padrão de vida que lhe veste melhor

Até na hora de cortar, é preciso sabedoria para fazer o melhor. Sabia que você pode mudar o seu padrão de consumo sem alterar tanto a qualidade de vida? Como fazer isso? Cortando as despesas certas. Mas talvez o certo não seja exatamente aquilo que você está pensando.

Existe uma tendência muito grande e até natural entre as pessoas, quando começam a ficar sem dinheiro, a cortar o entretenimento. Mas qual seria a sua reação se eu lhe sugerisse cortar, justamente, o seu investimento?

Lembre-se de que a proposta é não abrir mão da felicidade.

Eleja, a seguir, um gasto obrigatório do qual você abriria mão para deixar o orçamento e a consciência mais leves.

....

Existe mais algum gasto que você poderia dispensar? É possível fazer isso ou ao menos torná-lo menor?

....

Investimento

O primeiro corte, realmente, pode ser feito no investimento. Se você mal tem para hoje, como pensar no futuro? Até aí, nenhum problema, desde que não seja uma situação permanente. Aliás, ainda que não vivam uma catástrofe, é natural que as pessoas passem por diferentes fases da vida, nas quais as necessidades vão mudando.

Quem estuda, por exemplo, pode deixar de investir para poder dar conta das despesas com instrução. Um jovem que chegue à faculdade ou um pai de família com filho no ensino superior podem não só deixar de investir como também precisar desinvestir, ou seja, consumir parte de seu investimento para fazer frente àqueles gastos a mais, que, de todo modo, são temporários.

Então, nada mais natural que o primeiro corte, quando necessário, seja feito na poupança, no dinheiro guardado para o amanhã. É preciso apenas prestar atenção para remediar a situação o quanto antes e tentar retomar o pagamento do próprio futuro.

Entretenimento

O segundo corte é o que costuma levar as pessoas aos maiores equívocos. Cortar os gastos menos essenciais parece sensato, mas tem um impacto psicológico muito grande.

Por isso, tem que ser uma medida emergencial, adotada em casos extremos e por períodos muito curtos. Caso contrário, vai afetar a sua qualidade de vida, o seu humor e até a sua disposição em controlar o dinheiro. Depois de algum tempo — em geral não muito longo, algo em torno de três meses —, a pessoa que corta acentuadamente os gastos com entretenimento passa a viver como um autômato: trabalha apenas para pagar as contas. E isso é muito ruim; tira o prazer de viver.

É possível deixar de comprar uma roupa por alguns meses, mas dá para parar por muito tempo? É possível deixar de frequentar o restaurante, o bar, o cinema, a balada, o estádio de futebol. Sim? Mas por quanto tempo? Qual é o tamanho da infelicidade de uma pessoa com vida social e cultural bem definida quando, de uma hora para outra, se vê obrigada a abandonar tudo o que amava fazer e lhe trazia o bem-estar típico de quem sabe aproveitar os benefícios que o dinheiro oferece?

> Então, para ficar claro, vou repetir: corte os gastos obrigatórios antes de tudo e da melhor forma possível. Reduza o seu padrão de vida, mas não afete a sua qualidade de vida. Lembre-se: o dinheiro é para ser desfrutado hoje e amanhã, não para tornar a existência algo enfadonho.

Gosto de comparar finanças pessoais com dieta. Que tal uma que o impeça de comer, para o resto da vida, tudo o que você mais ama? Não é que você vai comer pizza só uma vez por mês ou se limitar a um brigadeiro de sobremesa por semana. Você vai cortar para sempre a pizza, os doces, o sorvete, a cerveja e outras coisas mais que realmente adora. É factível? Você suportaria? Por quanto tempo? E com quais consequências?

Obrigatórios

Então, o que você deve fazer se, por um triste acaso ou infortúnio, um parente ou um amigo bater à sua porta e pedir para morar com a sua família durante um tempo? Corte "na carne". Não exatamente na carne que você serve no almoço de domingo, mas na carne das despesas. Ou seja, baixe o padrão de vida imediatamente.

Cancele todo gasto "obrigatório" que possa ser cancelado. Corte a TV por assinatura (ou, ao menos, reveja o plano), baixe o plano de telefonia e de internet para um mais barato, venda o carro e compre um mais simples ou fique sem automóvel por um tempo. Acostume-se a usar o transporte coletivo ou outras alternativas – táxi, aplicativos, carona, bicicleta etc.

Planeje antecipadamente as férias, Se for viajar, não perca o costume de ser racional e pesquise muito. Existem *sites* de venda de viagens que indicam valores internacionais que chegam a ser mais baratos do que os destinos nacionais mais procurados.

Aceite a ideia de que às vezes é preciso dar um passo atrás para depois dar dois à frente. Essa frase é atribuída a Vladimir Lenin, um dos líderes da Revolução Russa. Não é porque Lenin foi um líder comunista que as lições dele não podem servir para orientar a sua busca por equilíbrio financeiro em uma sociedade capitalista. Aprenda com ele. Acostume-se com o fato de que a vida é sujeita a mudanças e de que você vai viver melhor caso se adapte mais depressa.

Seja mais ativo quando o assunto é a sua vida financeira

Se o infortúnio nunca o alcançar, melhor. Pelo sim, pelo não, como não sabemos se ele virá nem quando virá, procure sempre manter um padrão prudente — aquele do degrau abaixo, lembra? Muitas vezes, as pessoas querem viver de forma mais glamorosa e se esquecem de que padrão de consumo é um passivo. Passivo, no universo da economia, é o que leva o nosso dinheiro embora. Ou seja, são os gastos.

Quando você aumenta o padrão de vida, os seus gastos sobem. O passivo fica maior. Se você não estiver fazendo nada na outra ponta — a do ativo, por onde o dinheiro entra — a fim de aumentar também a sua receita e o seu patrimônio, pode até ficar com a sensação de que está mais rico, porque está desfrutando de um padrão mais elevado. Mas, na verdade, está mais pobre, porque tem menos disponibilidade de caixa e de bens e mais compromissos a saldar.

A situação é ainda pior quando esse aumento do padrão de vida é conquistado artificialmente, ou seja, comprometendo o investimento no futuro ou, pior ainda, assumindo dívidas. Se o seu padrão comporta um carro de R$ 50.000,00, não compre um de R$ 80.000,00 ou mais. Ele sempre custará mais caro para você. Não só no preço que você paga por

ele, mas ao longo de todo o tempo. Os gastos de manutenção também serão maiores. O IPVA será mais alto, assim como o seguro. Provavelmente se tratará de um modelo que consome mais combustível. E você ainda terá de pagar o financiamento que talvez não tivesse de contrair — ou seria bem menor — caso se contentasse com um modelo mais simples.

A perda de padrão também pode ocorrer com a idade. Muita gente não pensa em parar de trabalhar. Mas, com o passar do tempo, o fluxo de caixa de uma pessoa sofre alguma oscilação. É natural que o padrão de vida vá melhorando, mas dificilmente alguém ganha aos 70 anos um salário maior do que ganhava aos 50. É nessa hora que o patrimônio formado por meio do investimento de uma vida inteira vai ajudar a manter o padrão. Até porque o idoso em geral tem mais despesas com saúde e precisa ter meios para arcar com elas.

Boa parte da nossa sensação de felicidade é feita por comparação. Quando subimos a um nível muito acima do que estamos acostumados, tendemos a ter mais dificuldade de nos acostumar com perdas, mesmo que pequenas. Como eu disse no começo deste tópico, aceitar a ideia de que um padrão mais modesto no presente vai ajudar você a viver melhor no futuro e a manter um padrão melhor por muito mais tempo é no mínimo inteligente. E pode fazer toda a diferença.

Anteriormente, expliquei como devemos raciocinar para descobrir quanto realmente ganhamos. Nesse exercício de descoberta, a comparação é essencial para a saúde financeira. No entanto, em outros momentos, a nossa mania de comparar pode nos levar a uma grave doença financeira e, por vezes, até mental. Por isso, desta vez, o conselho é o contrário: não compare, isso só lhe causará decepção, um bocado de inveja e, quem sabe, uma pesada dívida. Não vale a pena e não vale o que é preciso para ser feliz.

A FÓRMULA (NADA) MÁGICA DO 50-30-20

Digamos que você faça as contas e descubra que metade da sua renda — ou da renda familiar, isto é, a soma dos salários líquidos de todas as pessoas que dividem as despesas do lar com você — seja necessária para cobrir os chamados gastos obrigatórios. Então, restam apenas 50% do seu dinheiro para você dividir entre entretenimento e investimento.

Verifique, antes, se você pode cortar algum item da sua lista de gastos necessários para diminuir essa porcentagem. Caso não consiga, procure equilibrá-los em relação às demais despesas (de entretenimento e investimento) de modo que você não deixe de se divertir nem de guardar uma parte da renda para o futuro. Essa realidade, de qualquer forma, não é tão ruim quanto você imagina.

Para ajudá-lo nessa tarefa, que tal a fórmula 50-30-20? Você pode deixar metade (50%) do dinheiro para despesas obrigatórias, 30% para entretenimento e extras (contratempos que aparecem, como um conserto não esperado na casa, em algum eletrodoméstico ou no carro) e 20% para investimento.

Brinquei com a ideia de que a fórmula 50-30-20 é mágica, mas é preciso dizer: ela não é mágica nem definitiva. Não é mágica porque é matemática. Foi desenvolvida pelos economistas como a mais próxima do ideal, na média das pessoas.

Nem é definitiva porque você pode adaptá-la ao seu estilo de vida, com variações como 60-30-10, 40-40-20, 60-25-15 e muitas outras. Só preste atenção para que a parte final da equação não seja zero, pequena demais ou negativa.

Procure economizar pelo menos 10% da sua renda líquida, a parte do salário depois dos descontos, aquela que você efetivamente recebe. Mas, se puder, reserve uma proporção maior. Lembre-se, também, de que algumas épocas do ano apresentam gastos que não se repetem nos outros meses. É o caso, por exemplo, do material escolar, do seguro da casa ou do carro, do IPTU e do IPVA, entre outros.

Uma fórmula para chamar de sua

Cada um deve definir qual é a sua fórmula. Para isso, precisa saber qual é o seu perfil de gastos e em que fase da vida se encontra. Quem é um profissional recém-formado obviamente não terá a mesma capacidade de investimento de alguém já consolidado na profissão, com alguns anos de carreira. Mesmo assim, o profissional jovem não deve perder de vista que a meta é formar um bom colchão de investimentos ao longo dos anos, que deve ser engordado à medida que a sua situação financeira se consolida. Ou seja, ele pode não investir muito agora, mas precisa se preparar para investir mais no futuro próximo. Quanto mais tempo se adia o investimento mais pesado, menos o dinheiro rende, e, portanto, chega-se à velhice com patrimônio menor do que se poderia ter. Pode ser que, na empolgação, você decida investir o máximo possível, abrindo mão total ou parcialmente dos gastos com entretenimento. De novo, faço o alerta: esse não é o caminho. O propósito de ganhar dinheiro é poder aproveitar o que ele traz de bom.

Se você apenas guardar, estará renunciando a uma parte importante, que é desfrutar de um bom padrão de vida no presente.

O contrário também não deve ocorrer. A menos que você esteja em uma daquelas fases da vida em que não seja possível investir ou em que seja necessário até mesmo "desinvestir", como eu já disse, procure poupar no mínimo 10% da renda. Adote uma fórmula 50-40-10; 45-45-10, 60-30-10 ou qualquer outra que lhe permita guardar algum dinheiro.

O que você não pode fazer — a não ser naqueles casos excepcionais de que já falamos — é deixar de investir. E, quando puder — quando colocar as contas em dia e organizar racionalmente os gastos —, procure aumentar esses 10% para 15%, 20% ou 30%, na medida das suas possibilidades. Você verá o seu patrimônio crescer bem mais depressa.

Não faz nenhum sentido se privar de uma vida confortável agora apenas para ter um padrão melhor no futuro. O ideal é manter o equilíbrio para viver bem agora e também mais tarde. Sem falar que você pode nem ter tempo de gastar todo o dinheiro que juntou. Como dizia aquela propaganda de seguro, "contratempos acontecem. Vai que...". Pense em como seria uma pena não usufruir do resultado do seu trabalho.

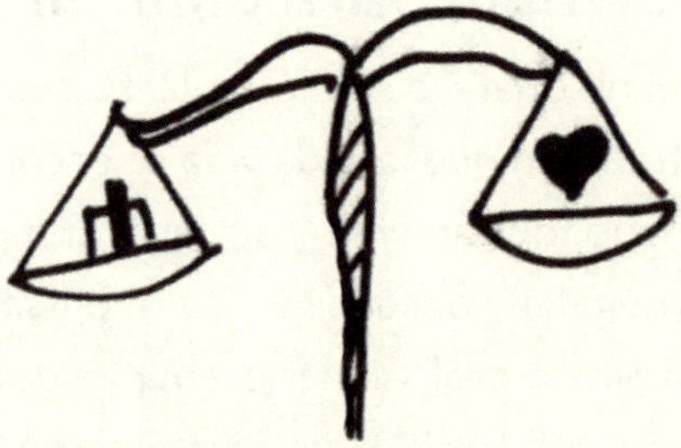

Equilíbrio

Não é só o temor de não aproveitar o seu dinheiro que deve levá-lo a gastar pelo menos parte dele para obter algum prazer imediato. O estudo *Qualidade de vida — definição, conceitos e interfaces com outras áreas de pesquisa*, da Universidade de São Paulo,[7] mostra que quem se permite

7 ALMEIDA, Marco Antonio B. de; GUTIERREZ, Gustavo Luis; MARQUES, Renato. *Qualidade de vida: definição, conceitos e interfaces com outras áreas de pesquisa*. São Paulo: EACH/USP, 2012. Disponível em: <http://each.uspnet.usp.br/edicoes-each/qualidade_vida.pdf>. Acesso em: 03 jan. 2017.

momentos de lazer, de relaxamento, de acesso à cultura, às artes, às viagens vive mais e melhor.

> De que adianta poupar por 40 anos, guardar uma fortuna e, por falta de um padrão de vida adequado, se aposentar sem saúde para realmente curtir essa fase da vida? Você vai entregar todo o seu dinheiro suado para os planos de saúde e para a indústria farmacêutica?

Portanto, pense bem. Faça uma previsão coerente com os seus gastos e tenha na "coluna do meio", a do dinheiro da diversão, sempre um extra. É muita inocência pensar que nunca vai ocorrer uma festa, um casamento, um acontecimento inesperado. O que pode ser bom, e não necessariamente trágico. Se a sua irmã teve trigêmeos, a vida financeira dela pode ter sofrido um forte baque, mas a novidade com certeza representou uma grande alegria. E, se você tem condições financeiras, não vai deixar de ajudá-la com alguns pacotes de fraldas, roupinhas e até presentes para os sobrinhos queridos. Ou vai?

Então, crie um bom padrão, mas com alguma folga aqui e ali, para não ser obrigado a fugir do programado sempre que ocorrer algo diferente, que pode ser uma tragédia ou uma grande alegria. Não exagere para um lado nem para outro. Tenha um nível de vida satisfatório, que não se torne infeliz por ser rígido demais nem perca a noção da realidade por ser extravagante.

Uma das maiores causas de infelicidade acarretadas pelo dinheiro advém justamente de promover uma elevação desmedida no padrão de vida e depois ser obrigado a baixá-lo. Principalmente se a ascensão for artificial, não totalmente baseada no crescimento da renda. Por isso, permita-se momentos de lazer, desfrute, mas não torre todo o dinheiro.

O VIGILANTE DOS GASTOS

Como já falei, para mim, cuidar das finanças pessoais é como fazer dieta: é preciso ter consciência da origem do problema — por que você está acima do peso e por que você gasta mais do que ganha —, saber o que deseja e ter autocontrole. Aquelas gordurinhas a mais na barriga e aquele saldo a menos na conta sempre têm uma explicação. Encarar a realidade e partir imediatamente para a ação é a melhor maneira de resolver a dificuldade. Fugir dela — não subir na balança ou não conferir o extrato — é o meio mais rápido de tornar o problema ainda maior.

Como você já sabe, procrastinar costuma ser a pior saída. Da mesma forma que nas dietas, as pessoas costumam deixar para tomar uma atitude em relação a suas dificuldades financeiras em outra ocasião — na próxima segunda-feira, no mês que vem, depois do Carnaval, no Ano-Novo etc. Enquanto isso, do mesmo modo que o ponteiro da balança vai subindo, o saldo negativo fica cada vez mais profundo. Quanto antes enfrentamos o monstro que nos aterroriza, mais cedo nos livramos dele.

Outra coisa que o controle do dinheiro e as dietas têm em comum é o fato de que alguns métodos funcionam, outros funcionam por um tempo e outros fracassam inapelavelmente desde o princípio. Para funcionar, o controle — do que se gasta e do que se come — precisa ser simples e intuitivo, de forma a tirar dele a carga negativa que o transforma em uma tarefa penosa, aborrecida e desagradável.

O que o Vigilantes do Peso tem para ensinar sobre racionalidade

Uma dieta que funciona muito bem exatamente por ser simples e intuitiva é a do Vigilantes do Peso. Mas ela tem algo a mais. Algo que, diretamente associado ao seu nome, a torna ainda mais eficiente. E é exatamente esse aspecto que eu gostaria de introduzir no seu controle financeiro, para que ele se torne igualmente simples, intuitivo e eficaz: uma vigilância externa.

O sistema de dieta Vigilantes do Peso surgiu na década de 1960, em Nova York, quando um grupo de amigas se reuniu para discutir como perder indesejáveis quilinhos extras. Em uma época em que a magreza não era ainda uma obsessão e a epidemia de obesidade que hoje assola o mundo estava apenas nascendo nos Estados Unidos, essas amigas já haviam feito várias dietas sem resultados satisfatórios.[8]

Ao constatarem que não existia um método seguro e acessível para todas, resolveram criar uma dieta baseada na ingestão calórica e no controle que o grupo ia exercendo sobre o que as integrantes comiam. A cada alimento, era atribuída uma quantidade de pontos. De tão simples, a pessoa podia somar os seus pontos no dia até mesmo mentalmente para saber a quantas andava o seu controle.

Em pouco tempo, ficou claro que quem se submetia a uma dieta dentro do limite de pontos conseguia resultados melhores e mais rápidos. No caso do nosso orçamento, somar pontos muito abaixo ou muito acima do limite equivaleria a não cumprir a fórmula 50-30-20 ou outra que venha a ser estipulada, fazendo com que os resultados não sejam os mesmos e, possivelmente, sequer satisfatórios.) Preciso falar mais sobre equilíbrio?

8 Fontes: Weight Watchers International e Vigilantes do Peso Brasil.

Aos poucos, o método foi sendo refinado, e o grupo passou a buscar informações técnicas mais detalhadas para que cada integrante fosse orientado a fazer as mudanças comportamentais necessárias a cada caso, a fim de auxiliar no processo de emagrecimento. A dieta ficou ainda mais eficiente. Assim como a dieta financeira fica mais eficiente quando adaptamos o padrão geral ao nosso perfil específico de gastos, ajustando o que pode ser adaptado e alterando a nossa fórmula de proporção de despesas conforme a necessidade.

Em reuniões semanais, as integrantes do grupo se pesavam e falavam não só sobre que alimentos haviam consumido, mas também sobre a montanha-russa emocional de cada uma naquele período, procurando identificar a influência de emoções e sentimentos no comportamento à mesa e no ganho ou na redução do peso.

Com troca de informações e de incentivos, o Vigilantes do Peso consolidou um sistema em que os participantes ao mesmo tempo recebem motivação e passam por um método de "cobrança" muito sutil, que é se pesar diante dos outros. O modelo se mostra eficaz exatamente porque, para "não fazer feio" diante dos demais, os integrantes de cada grupo prestam mais atenção ao controle e conseguem seguir a dieta mais à risca. Existe uma pressão por resultados, e ela funciona.

O sucesso fez com que o sistema fosse levado a vários países — tendo chegado ao Brasil em meados da década de 1970. As quase seis décadas de existência do método provam que a "vigilância amiga" exercida pelo grupo dá certo.

Se dá certo com o controle da comilança, por que não daria com a gastança? Afinal, comer e gastar têm insondáveis raízes psicológicas comuns.

Quem não conhece alguém que, em um momento de baixa emocional, gastou mais do que devia, do que podia ou simplesmente do que precisava? Ou que se afogou em um pote de sorvete, comeu um pedaço gigantesco de bolo, atacou a travessa de doces ou outra comida calórica qualquer? O pior dos mundos ocorre quando esse alguém somos nós mesmos.

Criar um vigilante amigo para as nossas finanças pode parecer uma ideia absurda. Afinal, nada mais sagrado do que o sigilo das nossas contas a pagar ou a receber, não é? Mas digo novamente: se funciona para perder peso, pode funcionar também para controlar o dinheiro. Então, se houver uma alternativa à quebra total do nosso sigilo financeiro, essa poderá ser uma boa ideia. Claro que são necessários alguns cuidados.

O amigo vigilante ideal

O primeiro cuidado é evitar que o sigilo se perca totalmente. Isso pode ser feito a partir da escolha de apenas um parceiro para esse tipo de tarefa. Pode ser um amigo ou um parente, mas o ideal mesmo é que seja o cônjuge, que é quem compartilha a nossa vida mais de perto e, portanto, está mais apto a observar as nossas contas.

A participação do cônjuge traz uma vantagem adicional: a vigilância pode ser mútua e favorecer o equilíbrio financeiro de ambos, individualmente, e do casal. Os dois aderem ao programa, e um acompanha os progressos e deslizes do outro, ajudando, cobrando, apoiando. Aliás, isso é muito importante. Tem que apoiar também. A pessoa tem de saber que será elogiada quando merecer. Ajuda muito na motivação.

Existe ainda uma possibilidade: você nomear um curador do seu dinheiro. Se você tem dificuldade de se controlar, pode escolher alguém de confiança para fazer isso por você. Mas ele deve acompanhar apenas minimamente as suas movimentações financeiras, porque, afinal, o dinheiro pertence a você — e é sua a responsabilidade de mantê-lo em segurança, mesmo que gerido por outra pessoa.

> Na pecuária, existe um ditado que diz: "O que engorda o boi é o olho do dono". Traduzindo: se o pecuarista não acompanhar de perto a sua criação, provavelmente perderá dinheiro. A regra vale também para as finanças pessoais. Você pode deixar a administração das suas contas na mão de terceiros, mas os seus bois permanecerão magrinhos se você não ficar de olho neles.

Existem pessoas que fazem gestão dos investimentos alheios de maneira profissional e, portanto, cobram por isso. Normalmente, a remuneração é composta de parte dos ganhos que o gestor financeiro consegue com aplicações. Supondo que ele coloque o seu dinheiro em um investimento que renda, digamos, 10% ao ano, vai ficar com uma porcentagem daquele ganho. Então, em vez dos 10%, você vai receber, 9%, 8%, 5% ou outra porcentagem qualquer, de acordo com o que ficou acertado entre vocês.

O que você precisa saber é se pode e se está disposto a pagar por esse serviço. Caso não esteja, a alternativa é controlar você mesmo, fazer o trabalho "duro", mas, em compensação, abocanhar sozinho todo o rendimento das suas aplicações.

Repito: mesmo entregando a gestão a um profissional, cabe a você a responsabilidade de que o dinheiro cresça e se multiplique. Por mais talentoso e correto que seja o gestor financeiro escolhido, não tem cabimento não acompanhar de perto o desempenho da sua renda.

A tabela de pontos (gastos)

Mas como adaptar o sistema de pontos do Vigilantes do Peso para as finanças? É aí que entra o seu perfil de gastos, estabelecido pelo orçamento de um mês. Por esse levantamento, você sabe exatamente quanto pode gastar em cada divisão. Os pontos que você tem para gastar podem ser o dinheiro.

Cada real vale um ponto

RECEITAS	PONTOS (1 PONTO = R$ 1,00)
Salário líquido	
Outros rendimentos líquidos	
TOTAL DE RECEITAS	

Como vimos, o amigo vigilante não é a única ferramenta usada pelos participantes do Vigilantes do Peso; eles também fazem uso de uma tabela para controlar a ingestão calórica. Bem, nós podemos fazer algo parecido nas finanças, mas para controlar não o que entra, e sim o que sai. A ideia é que o Vigilantes do Peso seja uma ferramenta que o ajudará a diminuir os gastos e a conseguir encaixar a sua vida financeira na fórmula 50-30- 20.

Pontos obrigatórios

As despesas fixas, você tem que pagar; então, o dinheiro destinado a elas não está disponível. Com exceção das compras na feira ou no supermercado, que podem ser pagas em espécie, o dinheiro não vai nem sair do banco. Você vai pagar os boletos e as contas de água, luz e telefone, ou eles serão debitados automaticamente. É um dinheiro que praticamente não existe para você.

Programe o pagamento de todas essas contas conforme ocorra o vencimento de cada uma e esqueça que, eventualmente, esse dinheiro estará dormindo por mais alguns dias na conta corrente ou na aplicação. Esqueça mesmo. Inclusive para contas que vençam na segunda quinzena ou muitos dias depois que você recebeu o salário. Não caia na tentação de gastar o que praticamente já não lhe pertence, mesmo que a conta a pagar com aquele valor ainda demore alguns dias para vencer.

GASTOS OBRIGATÓRIOS	PONTOS (1 PONTO = R$ 1,00)
Parcela da casa	
Aluguel	
IPTU	
Condomínio	
Água	
Luz	
Gás	
Serviços e produtos de limpeza	
Babá	
Mercado	
Alimentação no trabalho	
Remédios	
Plano de saúde	
Médicos e psicólogos	
Produtos de higiene pessoal	
Transporte público	
Uniforme escolar	
Material escolar	
Cursos avulsos (inglês, esportes etc.)	
AINDA NOS OBRIGATÓRIOS, PORÉM COM MENOR PRIORIDADE (GRUPO MAIS PROPENSO A CORTES)	
Parcela do carro	
Gasolina	
Estacionamento	
Manutenção do carro	
Seguro	
IPVA	

PRIORIDADE MÍNIMA (REVER)	
TV a Cabo	
Internet	
Telefone	
Academia	
TOTAL DE GASTOS OBRIGATÓRIOS	

Pontos de entretenimento

Da mesma maneira que você tem, hipoteticamente, 500 pontos para consumir no dia e não pode fazer um café da manhã de 400 pontos, senão vai passar fome pelo resto do dia ou descumprir o programa, não dá para reservar, digamos, R$ 1.000,00 (1.000 pontos) para o entretenimento e consumir tudo em uma semana, pois você vai ter de ficar em casa quando o dinheiro acabar. Ou estourar o orçamento, o que está fora de questão.

O valor não precisa ser dividido por igual para todas as semanas, mas precisa ser equilibrado. Você deve se planejar para não ter um período de muita agitação e depois vários dias de marasmo por absoluta falta de dinheiro e precisar ficar esperando pelo próximo pagamento. Isso não funciona. É quase certo que, em algum momento, uma situação dessas o levará a aumentar a parcela do entretenimento, tirando de algum lugar, provavelmente do investimento — já que não há tanta margem assim para cortar das despesas obrigatórias. Pense que, se você fizer isso de forma recorrente, estará comprometendo o futuro devido à falta de controle e de organização nos gastos do presente, nos pontos da sua tabela.

Você pode até fazer uma pequena e rápida contabilidade à parte para cada grupo de despesas e ir deduzindo o que já gastou, acompanhando o saldo à medida que gasta, até receber o próximo salário. Mas, lembrando da minha dica, o modo mais simples de fazer isso é separando o valor das despesas de entretenimento em dinheiro vivo.

GASTOS DE ENTRETENIMENTO	PONTOS (1 PONTO = R$ 1,00)
Restaurante (lazer)	
Happy hours	
Salão de beleza/Barbearia	
Livros	
CDs e DVDs	
Vestuário	
Cinema	
Shows	
Festas	
Presentes	
TOTAL DE GASTOS DE LAZER	

Pontos de investimento

Com o investimento, é a mesma coisa. O valor definido para essa finalidade deve ser imediatamente transferido para o seu destino logo após você receber o salário, aproveitando o máximo possível a rentabilidade e evitando a tentação de ver aquela sobra de caixa — que não é sobra coisa nenhuma, já que tem destino mais do que certo — ali, convidando a um gasto extra e, provavelmente, impensado e desnecessário.

Ainda não é o momento de investir o seu dinheiro. Há muito sobre ele – e sobre as voltas que ele dá em sua vida — que precisamos saber.

Por ora, reserve essa página e, após passar o Passo 5 (e antes de terminarmos a nossa conversa), volte a ela pronto para fazer as melhores escolhas para o investimento do seu dinheiro e, logicamente, para o seu futuro.

GASTOS DE INVESTIMENTO	PONTOS (1 PONTO = R$ 1,00)

DINHEIRO NA MÃO É VENDAVAL?

Que Paulinho da Viola me perdoe, mas terei de perverter a sua bela canção para mostrar que dinheiro na mão às vezes é melhor do que cartão de crédito na maquininha... Cartões são instrumentos muito úteis, mas que podem jogar contra o seu dono. Se você não for absolutamente controlado, não dispuser de condições mentais para lidar com aquele pedaço de plástico, poderá pôr tudo a perder. É aí que entra a lógica do pagamento em espécie, em dinheiro vivo. Pagar em dinheiro, vê-lo sumindo, dói e nos obriga a ter uma atitude mais prudente diante das armadilhas criadas para nos separar do nosso rico dinheirinho.

Mesmo em parte dos gastos obrigatórios, é possível usar a tática do dinheiro vivo. No supermercado, por exemplo. Se você reserva, digamos, R$ 500,00 para as compras do mês, mas as tentações fazem com que você gaste mais do que isso, é só levar apenas o dinheiro que pretende gastar — os R$ 500,00, se for fazer uma compra só, ou frações, se fizer várias compras ao longo do mês. Dessa forma, você terá mais facilidade para se ater ao essencial e, até por falta de dinheiro na mão — por favor, não leve cartões nessas ocasiões, ou o plano poderá fracassar —, não terá como esbanjar.

Além dessa tática, uma das melhores maneiras de economizar no supermercado é fazer uma lista de compras. A lista deve conter somente o que você e a sua família precisam. Nem um item a mais. Atenha-se a ela. Fica mais fácil controlar o gasto se você se restringe ao necessário. Quando vai ao supermercado sem uma lista, o consumidor tende a pegar mais produtos do que necessita. Fica mais fácil resistir à tentação de um gasto desnecessário quando não é o impulso do momento, mas a lista, que está controlando a compra.

Duas dicas importantes ajudam a baixar o número final da compra ao passar pelo caixa: não ir às compras com fome nem levar crianças. Crianças pedem. Se você não for enérgico e determinado, acabará gastando pelo menos um pouco a mais por conta disso. Ir com fome tem um efeito psicológico de aumentar as compras, principalmente de alimentos desnecessários e nem sempre saudáveis.

PASSO 4: INVISTA NA RACIONALIDADE

Quem nunca comprou algo e se arrependeu, que atire a primeira calça superbacana encalhada no guarda-roupa.

Pode ser um sapato, uma bolsa, uma roupa que na vitrine parecia linda, mas depois não caiu muito bem no corpo ou perdeu o encanto rapidamente. Isso acontece até com comida. Principalmente quando vamos a uma lanchonete ou um restaurante e optamos por uma porção bem maior do que a nossa fome, porque o preço é mais convidativo ou a foto do cardápio atiça nossos instintos.

Aliás, fique atento: se a sua fome não é daquele tamanho, você não precisa comprar a porção maior só porque a diferença de preço é pequena em relação ao valor cobrado pela porção menor. Você vai gastar mais do que o necessário e, provavelmente, engordar. Na melhor das hipóteses, vai jogar comida no lixo. Cá estou eu de novo falando de dieta...

No cinema, costuma ser assim: a pipoca pequena, que já é um exagero para uma pessoa só, custa, digamos, R$ 8,00. A média tem quase o dobro por R$ 10,00. A grande, bem maior, sai por R$ 11,00. O mesmo vale para lanches e refrigerantes. O consumidor tende a ser seduzido pelo custo proporcionalmente menor e acaba comprando um pacotão de pipoca ou um refrigerante de 700 ml sem necessidade. Nesse momento, pense nos pontos que você está perdendo, e não na comida a mais que está ganhando.

Comprar por impulso pode acontecer com qualquer um. Não devia. Consumir precisa ser um ato muito bem pensado, mas frequentemente o transformamos em uma bisonha demonstração de irracionalidade. A irracionalidade convertida em compras por impulso pode se reverter apenas em um acúmulo desnecessário de produtos de que não precisamos. Há ainda o risco de as consequências serem bem mais sérias: alguns quilos a mais, quando a questão envolve comida, e até compulsões ou desequilíbrios financeiros graves, quando adquirimos bens duráveis (eletrônicos, por exemplo) ou semiduráveis (roupas, calçados) sem os devidos cuidados.

Uma pesquisa realizada no fim de 2015 pelo SPC Brasil e pela Confederação Nacional dos Dirigentes Lojistas (CNDL) mostrou que pelo menos 20% dos brasileiros fazem compras por impulso com frequência e que 40% dos compradores compulsivos enfrentavam algum problema de inadimplência. Ou seja, de cada 100 consumidores, 20 efetuam compras sem parar para pensar e, desses 20, 8 não conseguem pagar todas as contas justamente porque não têm controle na hora de colocar a mão no bolso.

No último mês, você fez alguma compra baseada na emoção?

....

Mais para a frente, nós conversaremos a respeito.

Gastar, sim, mas gastar bem

As pessoas, em sua maioria, fazem compras por impulso quando querem compensar alguma coisa. Tiveram um dia muito ruim no trabalho, brigaram em casa, se desentenderam com o chefe, com o namorado ou a namorada. Estão estressadas. Comprar algo é uma forma de se presentear e minimizar a situação desagradável pela qual passaram. É um erro. Nenhum objeto vai compensar os nossos sentimentos.

O erro é ainda maior quando o consumidor é compulsivo, ou seja, aquele que compra por impulso não para compensar algo, mas simplesmente porque adquiriu o nada saudável hábito de comprar o que vê pela frente, se o produto lhe agrada, sem refletir minimamente. Esse consumidor não para e pensa se a posse daquele objeto é ou não importante, necessária e até saudável do ponto de vista financeiro e emocional.

Essas pessoas, por melhor que sejam os seus salários, são as principais candidatas ao descontrole financeiro e a ficarem com o "nome sujo", porque não conseguem pagar as prestações ou a fatura do cartão de crédito.

A medicina define compulsão como "comportamentos repetitivos ou atos mentais que a pessoa se sente compelida a executar para diminuir ou eliminar a ansiedade ou o desconforto". O comportamento pode estar associado a uma obsessão ou à necessidade de seguir regras rigidamente. A compulsão é um comportamento excessivo ao qual a pessoa tem dificuldade em resistir.

O Departamento de psiquiatria da Universidade Federal de São Paulo (Unifesp) define a compulsão por compras como "uma doença tão grave como a dependência em drogas, necessitando de tratamento constante e adequado". De acordo com o *site* do Departamento de Psiquiatria, a compulsão por compras ocorre quando alguém "tem uma vontade enorme de comprar coisas e não necessariamente consumi-las, apenas comprá-las". A pessoa que compra por comprar mas utiliza o que compra não é, em geral, classificada como compulsiva, porém tem o que os médicos chamam de "mania". Ambos os casos podem e devem ser tratados, diz o Departamento de Psiquiatria da universidade.

Ainda segundo o departamento, "existem casos nos quais as pessoas já estão arruinadas e presas a dívidas enormes" devido a esse distúrbio. "A compulsão por compras já é comparada ao efeito que a droga tem sobre um viciado", diz a apresentação.[9]

9 "Compulsão por compras: tratamentos". *Departamento de Psiquiatria da Universidade Federal de São Paulo*, s/d. Disponível em: <http://www.psiquiatria.unifesp.br/sobre/noticias/exibir/?id=16>. Acesso em: 03 jan. 2017.

Compulsão é um caso extremo. Nem todas as pessoas que compram sem controle são compulsivas. Até porque a maior parte delas não faz isso o tempo todo, apenas em momentos de descontrole, que podem estar ligados a questões emocionais, a uma conjuntura desfavorável qualquer da vida ou a um simples "dia ruim". Mas mesmo nos dias ruins é possível evitar cair na tentação das compras por impulso.

Para evitar a armadilha de comprar por impulso, é preciso ter em mente alguns comportamentos e procurar segui-los sempre. Um deles é nunca comprar um produto assim que o vê, a não ser que tenha saído de casa com esse propósito específico. Caso encontre algum produto que lhe interesse, não compre na hora. Use alguns artifícios.

"Dar uma voltinha" é um deles e costuma ser bem eficiente. Você vai ver outras coisas, andar um pouco — principalmente se estiver em um shopping center — e observar se a vontade de comprar resiste. É o tempo que você precisa para que o lado racional assuma o controle e avalie melhor a compra.

Não andar com dinheiro ou com cartão de crédito também é uma boa saída. Você vê o que lhe interessa e pode voltar no dia seguinte para comprar, se chegar à conclusão de que realmente precisa daquele produto. De quebra, você ainda pode comparar o preço daquilo que lhe chamou a atenção com o praticado por outras lojas ou fazer uma pesquisa na internet. Talvez o produto que você tanto quer esteja bem mais barato em outro lugar e, assim, você acaba por unir o útil ao agradável: compra o que quer, mas sem gastar demais.

CUIDADO COM A LIBERDADE DA REDE

A internet tem o poder de acentuar as compras por impulso. No mundo virtual, é muito mais fácil o consumidor se iludir com as características do produto, já que vê apenas fotos ou vídeos e não pode tocá-lo ou senti-lo, ver qual é o seu real tamanho ou o material de que é feito. Por isso, o Código de Defesa do Consumidor assegura que toda compra *on-line* dá ao comprador automaticamente um prazo de uma semana para se arrepender — a partir da entrega do produto — e pedir o dinheiro de volta.

Uma dica: evite comprar roupas e calçados de fabricantes que você não conheça. A frustração pode ser grande. Além dos problemas com tamanho, o produto pode ser confeccionado em um material de baixa qualidade que você não consegue averiguar pelas imagens do *site*. Uma boa alternativa é visitar lojas físicas e escolher o que deseja, mas só comprar depois de comparar os preços pela internet. Além de economizar, você terá a certeza de que o produto lhe agrada — desde que opte pelo mesmo modelo e mesmo fabricante.

Fique atento também às facilidades que as compras *on-line* oferecem. Muitas lojas virtuais oferecem um serviço chamado "compre com um clique". A loja cadastra o número do seu cartão de crédito e, quando você entra para uma nova compra ou uma simples pesquisa de preços, ela lhe oferece a possibilidade de fechar o negócio mais rápido, com menos burocracia e sem a necessidade de preencher os dados do cartão. Até porque já está tudo preenchido no cadastro mantido por ela. Basta você clicar, e a compra é automaticamente lançada na fatura do cartão cadastrado.

Alguns aplicativos, como os de táxi, por exemplo, reconhecem o seu CPF com apenas alguns números digitados e debitam automaticamente na sua conta. É uma facilidade que pode lhe tirar alguns minutos preciosos para pensar se aquela aquisição realmente vale a pena, se você precisa mesmo daquele produto etc.

Isso sem falar na segurança. Só compre *on-line* em *sites* que você conheça ou dos quais tenha recomendações positivas por vários consumidores. É fácil pesquisar, na própria internet, quais são os fornecedores com boas ou más avaliações. O *site Ebit*, especializado em compras *on-line*, faz a certificação e avalia as lojas virtuais. A Associação Brasileira de Defesa do Consumidor (Proteste), por meio do seu *site*, também compila as avaliações de clientes sobre os diferentes fornecedores. Se for possível, verifique, no ato da compra, se a empresa que está realizando a venda tem o produto desejado em estoque.

CARTÃO, UM ATALHO PARA A COMPULSÃO

Uma boa forma de evitar compras por impulso é não andar com o cartão de crédito. Para quem tem comportamento de comprador por impulso, do tipo que compra só porque gosta do produto, recomendo que o cartão seja deixado em casa, em uma gaveta. Mesmo que você nunca fique devendo e consiga pagar a sua fatura integral e religiosamente, a sua saúde financeira vai melhorar muito.

Essa é uma estratégia que funciona bem em conjunto com a de deixar a compra para mais tarde ou para o dia seguinte. A pessoa vê na vitrine um produto que a atrai, mas do qual não está necessariamente precisando naquele momento. Caso esteja com o cartão, a tentação de comprar vai ser maior. Se o cartão ficou em casa, ela vai ter de buscá-lo. Nesse caso, pode sobrar tempo para pensar com calma sobre a aquisição. A compra é realmente necessária? No dia seguinte, o desejo já pode ter esfriado e aquele gasto simplesmente não será feito.

Pense: a rigor, quantos pares de calçado você precisa ter simultaneamente? Dez não é exagero? O que dizer então de 20, 30, 40 ou até mais?

Alguns especialistas apontam o cartão de crédito como o grande responsável pela onda de consumismo dos últimos 30 anos, principalmente no segmento da moda — roupas e calçados. Essa onda fez com que as pessoas passassem a guardar mais roupas e sapatos em casa, necessitando sempre de espaços maiores nos armários e, portanto, gastando mais não só com os itens da moda, mas também com as instalações domésticas. Se antes um casal tinha apenas um armário no quarto para guardar as roupas do marido e da mulher, hoje muitos se veem obrigados a ter dois ou até *closets*, ambientes separados somente para colocar as roupas.

O cartão de crédito surgiu informalmente na década de 1920, nos Estados Unidos. Donos de bares e restaurantes entregavam um cartão de papelão a seus clientes mais fiéis. Funcionava mais como uma caderneta, daquelas que se usavam no comércio brasileiro até os anos 1960, nas quais o valor das compras era anotado para ser pago em determinada data.

A idealização do cartão de crédito ganhou força em 1951, quando o empresário Frank MacNamara levou um grupo de amigos executivos financeiros para jantar em um restaurante e, depois de encerrada a refeição, percebeu que havia esquecido a carteira. Chamou o dono do restaurante e entregou a ele o seu cartão de visita, no qual escreveu, no verso, uma promessa de que a conta seria paga — e foi, no dia seguinte. Pouco depois, MacNamara associou-se ao seu advogado, Ralph Schneider, para criar a primeira empresa de cartões do mundo, a Diners Club.[10]

De lá para cá, o mercado de cartão cresceu sem parar. Trocou o papelão pelo plástico, acrescentou uma fita magnética e mais tarde um *chip*. Passou a ser aceito em diferentes estabelecimentos, ganhou versões internacionais e se consolidou como instrumento de pagamento prático, relativamente seguro e confiável.

No Brasil, o cartão de crédito também "pegou". Para se ter uma ideia, a movimentação financeira via cartão de crédito ficou praticamente estável em 2016, um ano de crise, depois de ter crescido 7,7% em 2015, também ano de crise. Já havia crescido 13,6% em 2014 e entre 15% e 23,6% nos cinco anos anteriores. Há pelo menos dez anos, essa modalidade de pagamento cresce em torno de 10% ao ano ou mais. Em 2015, o pagamento

10 Fonte: Associação Brasileira de Empresas de Cartão de Crédito (Abecs).

com cartão de crédito movimentou R$ 664,8 bilhões, 60% a mais do que as transações com cartão de débito.[11] O total equivale a aproximadamente 45% de todo o consumo realizado pela classe média brasileira, que representa mais da metade da população (54%) e consumiu o equivalente a R$ 1,5 trilhão em 2015.[12]

Em 2015, segundo o Banco Central e a Associação Brasileira de Empresas de Cartão de Crédito (Abecs), havia no país cerca de 560 milhões de cartões de crédito ativos. Na média, isso dá mais de dois cartões ativos por pessoa (2,3, para ser mais exato). Um número extraordinário para um país de renda média baixa, principalmente se levarmos em conta que parte da população é constituída por menores, idosos sem cartão e um grande contingente de pessoas sem conta em banco. Dados de 2015 indicam que somente 60% dos brasileiros possuem conta bancária.[13]

Levando-se em consideração que o contingente que trabalha e pode ter cartão é de aproximadamente metade da população, descontados os extremos — pessoas jovens demais, idosos que não possuem cartões e outras pessoas sem condições de trabalhar que são sustentadas por outros membros da família —, tem gente por aí com quatro cartões ativos ou mais. É o seu caso? Se for, cuidado.

O cartão e o monstro

O cartão é um meio de pagamento, ou seja, um instrumento que substitui — muitas vezes, com vantagens — o dinheiro. E, como o dinheiro, tem dois lados. O lado bom é o que permite ao usuário ganhar fôlego financeiro, programar compras e pagamentos e participar de programas de benefícios. O ruim é o de servir como muleta para um orçamento de pé quebrado e ainda estimular o endividamento sem controle; nesses casos, o cartão é uma arma apontada contra o seu proprietário. E, quanto maior é o número de cartões disponíveis, maiores são as tentações

11 Fonte: Abecs.

12 Fontes: Institutos Data Popular e Locomotiva.

13 Fonte: Federação Brasileira dos Bancos (Febraban).

de usá-los mal. Além disso, os juros do crédito rotativo — aquele em que o dono do cartão paga só uma parte da fatura — são os maiores do mercado brasileiro. Em dezembro de 2016, a taxa alcançou a incrível marca de 453,74% ao ano.[14]

Vamos fazer uma conta para mostrar o que acontece com quem não paga a fatura toda. Suponha que você gaste R$ 2.000,00 no cartão e, no primeiro mês, pague apenas a metade. Você ficaria devendo R$ 1.000,00 no primeiro mês. Utilizemos uma taxa de 360% ao ano. Se, dali em diante, você pagasse apenas as compras que fez no mês e continuasse girando aqueles R$ 1.000,00, em um ano, a sua dívida de R$ 1.000,00 teria se transformado em R$ 4.600,00. Já pensou se conseguisse uma taxa dessas para os seus investimentos? Infelizmente, os bancos não pagam isso para nenhum poupador, nem mesmo o mais rico, mas cobram de todos os devedores, principalmente dos que devem mais.

14 "Juros sobrem em todas as linhas de crédito para pessoa física em 2016, aponta Anefac". *G1*, Seu Dinheiro, Rio de Janeiro, 09 jan. 2017. Disponível em: <http://http://g1.globo.com/economia/seu-dinheiro/noticia/taxa-de-juros-do-cartao-de-credito-cai-e-a-do-cheque-especial-sobe-aponta-anefac.ghtml>. Acesso em: 20 jan. 2017.

Veja a evolução da dívida ao longo do tempo caso fique devendo R$ 1.000,00 no cartão de crédito que acumule juros a uma taxa dessa proporção:

EVOLUÇÃO DA DÍVIDA NO CARTÃO DE CRÉDITO À TAXA DE 360% AO ANO

PERÍODO	VALOR DA DÍVIDA (EM R$)
Fim do ano 1	4.600,00
Fim do ano 2	21.160,00
Fim do ano 3	97.336,00
Fim do ano 4	447.745,60
Fim do ano 5	2.059.629,76

Note que, em 60 meses, R$ 1.000,00 virarão mais de R$ 2 milhões. Claro que o banco ou a administradora não permitirá que o valor fique tão alto, porque sabe que não conseguirá cobrá-lo. Mas, ao final de apenas dois anos, o usuário do cartão terá uma dívida considerável sem que tenha adquirido nada com ela. O crescimento da dívida ocorreu apenas com o acúmulo dos juros. Então, para não usar o cartão como instrumento de endividamento, veja algumas dicas de como ele pode ser uma ferramenta a serviço da sua saúde financeira sem que você se torne escravo dele.

O cartão de crédito é seu aliado? Ou você pensa que é, mas, na verdade, ele é um devorador voraz do seu dinheiro? Vamos descobrir? Responda as questões a seguir:

1. Quanto do seu salário tem ido para o pagamento do cartão de crédito nos últimos três meses?

....

2. Esse valor/porcentagem tem aumentado? Se sim, por quê?

....

3. Quantos cartões de crédito você tem?

....

4. Precisa de todos eles?

....

5. Trace o perfil dos seus cartões conforme a tabela abaixo:

CARTÃO				
VENCIMENTO				
FATURA MÉDIA*				
ANUIDADE				
VANTAGENS				
DESVANTAGENS				
POR QUE PRECISA DELE				

* Nos últimos três ou seis meses, por exemplo.

Feito o perfil, responda com sinceridade: você precisa mesmo de todos? Quais são os menos vantajosos? Que tal dispensá-los e ficar com apenas um ou dois?

Como explorar o lado bom do cartão

Ciente de que o cartão possui um lado bom e um ruim, acredito que o seu desejo seja aproveitar tudo de bom que ele tem a lhe oferecer. Existem alguns passos que você pode seguir para fazer do seu cartão um bom parceiro das finanças.

Seria interessante descobrir quais atitudes você já tem exercitado e quais precisa começar a praticar. Não se assuste se perceber que não segue nenhuma dessas dicas. Você não é o único. Mas, se quiser deixar de fazer parte desse grupo que vive perigosamente em relação ao dinheiro, procure segui-las.

Cartão de crédito: modo de usar

1. Guarde os recibos de todas as operações feitas com cartão – ou anote os gastos – até receber a fatura e conferir um a um. O ideal é lançar todos os gastos do mês em uma planilha assim que gastar, com data e valor, para conferir depois com a fatura. Se não quiser montar a planilha, use os próprios recibos de compra, aqueles em papel fotossensível que são emitidos pelas maquininhas de cartão. Sempre compare o dado que você tem em mãos com o da fatura: é a melhor maneira de evitar surpresas e de identificar possíveis erros de lançamento.

2. Caso encontre alguma divergência entre os recibos e a fatura, principalmente compras que você não fez, serviços (como seguro) que não solicitou ou lançamentos indecifráveis, procure a administradora e insista para que estorne a despesa.

3. Negocie a anuidade. Tente, junto ao banco ou à administradora, obter um desconto ou até a isenção da tarifa. É possível que o gerente aceite o pedido, já que ele sabe que outras operadoras e bancos não cobram anuidade ou oferecem valores mais baixos.

4. Fique de olho nas milhas. Elas expiram. Não se esqueça de trocar os pontos acumulados por produtos ou benefícios.

5. Use o prazo. Se não conseguir desconto para pagar à vista, em dinheiro ou no débito, prefira usar o cartão de crédito. Com ele, você ganha prazo para pagar sem acréscimo. Com o dinheiro investido, você pode ganhar a diferença. Essa prática também permite escolher a data da compra de forma a tirar o máximo proveito do cartão.

6. Não se exceda. Gaste no cartão somente o que puder pagar na próxima fatura. Não deixe de pagar a fatura integralmente na data de vencimento. Cartão é a modalidade de crédito com juro mais alto. Se você começar a rolar uma parte da dívida, logo ela estará várias vezes maior do que o valor original, como no exemplo citado anteriormente.

7. Limite o seu limite. Não permita que o banco ou a operadora mantenha no seu cartão um limite superior à metade do seu salário.

8. Nada de colecionar cartões. Tenha no máximo dois para poder trabalhar com datas diferentes para o pagamento. Só aceite cartões de loja depois de ponderar (muito bem) as vantagens que eles podem oferecer sem que o tornem um prisioneiro.

Programas de milhas: o seu cartão com uma utilidade a mais

Muitos bancos e administradoras de cartões possuem programas de fidelidade para o uso do cartão de crédito os quais podem reverter em pontos ou milhas aéreas para trocar por produtos ou passagens de avião. Se o seu cartão não possibilita esse benefício, substitua-o por um que ofereça. Só não se esqueça de verificar as condições do cartão, como anuidade, sistema de resgate de pontos e outros, para evitar que você troque seis por meia dúzia ou até menos.

É muito importante prestar atenção nas regras de cada cartão. As maneiras de converter pontos em milhas e de efetuar os resgates são sempre diferentes. Também é preciso conferir em quais companhias aéreas a conversão é permitida. É possível que o banco ou a administradora do cartão tenha parcerias com companhias aéreas específicas ou com um grupo fechado de empresas.

Na maior parte dos cartões em operação no Brasil, cada dólar de gasto lançado na fatura ou, o equivalente em dólar aos gastos em reais, soma um ponto ou uma milha. Nos gastos em dólar — em viagens ao exterior ou compras feitas pela internet em outros países —, cada dólar vale, em geral, 1,5 milha. Quanto maior a pontuação oferecida pelo cartão, menor a necessidade de gastos para conseguir milhas.

Quem tem um cartão no qual é necessário gastar US$ 1,00 para conseguir uma milha terá de gastar mais de R$ 3.000,00 por mês no cartão de crédito, durante dois anos, para obter 30 mil milhas. Já se cada dólar gasto em compras for equivalente a duas milhas, o gasto mensal necessário para fazer a mesma viagem cairá para R$ 1.600,00. Esse segundo cartão é muito mais vantajoso, portanto. Vale dizer de que o número de milhas e o prazo não foram escolhidos aleatoriamente. Trinta mil milhas é o valor médio necessário para realizar a troca por passagens aéreas de ida e volta entre a cidade de São Paulo e a maior parte das capitais do Nordeste. E dois anos é o tempo médio de validade das milhas; depois disso, elas expiram.

Caso o destino seja os Estados Unidos, o usuário de um cartão no qual cada dólar gasto em compras equivalha a 1,5 milha terá de gastar R$ 4.500,00 por mês no cartão, também durante dois anos, para conseguir acumular as 60 mil milhas necessárias, em média, para realizar a viagem. Será que um gasto desse tamanho está de acordo com o seu perfil financeiro?

☐ Vale a pena ☐ Não vale a pena

Quase todos os cartões estabelecem limites para o resgate. O dono do cartão não pode ter acesso ao benefício antes de acumular um número de pontos previamente estabelecido pelo emissor do cartão (operadora ou banco) em parceria com a companhia ou o grupo de companhias aéreas.

- ☐ Vale a pena
- ☐ Não vale a pena

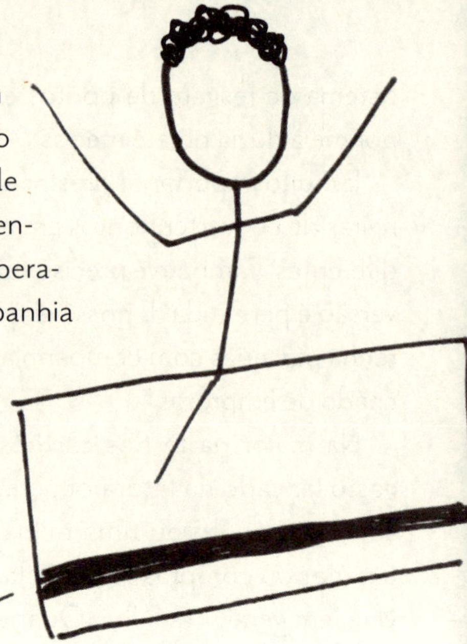

O jeitinho brasileiro de perder dinheiro

Os resgates também obedecem a prazos. As milhas costumam "vencer" depois de um período, que costuma ser de dois anos . Boa parte dos programas expira, e a pessoa não consegue converter as milhas ou os pontos em nada — a não ser em decepção.

Uma reportagem do jornal *Folha de S. Paulo* mostrou que os brasileiros perderam 53 bilhões de milhas em 2014 simplesmente porque elas passaram do prazo e perderam a validade.[15] E esse é mais um aspecto a que se deve prestar atenção. Se você não tem gastos no cartão suficientes para acumular os pontos necessários para fazer uma viagem, deve encontrar um meio de tirar algum proveito do benefício.

15 CUCOLO, Eduardo. "Brasileiros perderam 53 bilhões de milhas expiradas em 2014". *Folha de S. Paulo*, Mercado, São Paulo, 06 jul. 2015. Disponível em: <http://www1.folha.uol.com.br/mercado/2015/07/1652018-brasileiros-perderam-53-bilhoes-de-milhas-expiradas-em-2014.shtml>. Acesso em: 03 jan. 2017.

Você pode eventualmente comprar milhas da própria operadora para completar a pontuação de que necessita. Fique atento e faça as contas. As milhas "compradas" das operadoras costumam ser caras e podem não valer a pena.

Compare quanto você vai ter que desembolsar para ter as milhas referentes à proporção da passagem aérea que você deseja — 10%, 20%, 30% — e depois verifique qual seria o valor da passagem comprada diretamente da companhia aérea.

☐ Vale a pena ☐ Não vale a pena

Outra possibilidade é trocar as milhas — ou os pontos — por produtos, nos programas em que isso é possível. É mais vantagem ganhar um secador de cabelo ou um aspirador de pó do que não ganhar nada.

Veja se o seu programa permite esse tipo de resgate e quais são os produtos disponíveis. Veja também se algum lhe interessa, se a pontuação necessária para adquiri-lo é razoável e se você dispõe de pontos suficientes.

Também é possível negociar milhas com outras pessoas e empresas. Você pode vender as suas numa espécie de mercado paralelo e ficar com o dinheiro da negociação. Esse caso é especialmente indicado para quem não pretende viajar nos próximos meses e também para quem sabe que não conseguirá fazer o resgate dentro do prazo de validade das milhas.

Como negociar as milhas no mercado paralelo

Negociar milhas aéreas não é um procedimento regulamentado e, portanto, está sujeito a riscos. Não quer dizer que seja ilegal, e sim que eventuais problemas não estarão amparados pela lei.

Empresas aéreas nacionais não admitem oficialmente a possibilidade de negociação de pontos entre participantes, mas aceitam que o titular emita bilhetes para outras pessoas utilizando as próprias milhas.

Não há nenhum tipo de exigência de que o beneficiado seja parente do titular, o que abre a possibilidade de efetuar a negociação. É possível ceder as milhas na compra de um bilhete, porém é preciso ter a garantia de que a pessoa pagará a passagem e também as milhas. O risco é maior quando a transação é feita com um desconhecido.

O comprador também pode sofrer prejuízo. Caso a companhia identifique a transferência não autorizada de milhas, ela pode barrar a emissão do bilhete ou cancelá-lo. Além disso, esse tipo de transação gera o risco de que o usuário tenha as informações pessoais acessadas por outras pessoas, podendo sofrer danos em decorrência dessa quebra de sigilo. A aliança Smiles, que reúne várias companhias aéreas de diferentes partes do mundo, regulamentou, em 2014, a transferência de milhas entre terceiros. Com isso, as empresas que participam do grupo, como a brasileira Gol Linhas Aéreas, passaram a aceitar essa prática. Cada participante pode transferir até 40 mil milhas por ano. O procedimento é simples.

O Smiles também está aceitando, ele mesmo, comprar milhas dos usuários, por meio do sistema PayPal, de pagamentos via internet. Mas atenção: normalmente, o grupo paga valores muito abaixo dos praticados no mercado paralelo.

A troca dos pontos por passagens aéreas só é viável quando o consumidor realiza gastos regulares no cartão de crédito que sejam suficientes para cobrir a aquisição do bilhete no prazo estabelecido para o programa de milhas. Se você tem de gastar a mais para que a troca se torne possível, ela não vale a pena. O aumento de gastos, além de levá-lo a acumular produtos desnecessários, poderá reduzir os recursos disponíveis para investimento e até jogá-lo na inadimplência e nos elevados juros do crédito rotativo. Se o dinheiro está sobrando, em vez de gastá-lo com coisas de que você não precisa, aplique-o. Assim, você aumenta o seu patrimônio e ainda pode contar com os juros recebidos para comprar a sua passagem.

Aliás, verifique sempre o preço da passagem, mesmo que você tenha milhas suficientes para efetuar uma troca. Quando se compra a passagem com bastante antecedência, o desconto oferecido pela companhia aérea é em geral muito grande, às vezes de mais de 50% ou até 70% — desde que não seja para um destino muito procurado ou um período de grande movimento. Época de férias e destinos turísticos normalmente fogem a essa regra.

Uma passagem para os Estados Unidos custa entre 50 mil e 100 mil milhas. Se você comprá-la em dinheiro, poderá pagar menos e usar as milhas para fazer várias viagens domésticas com as milhas acumuladas — nos feriados, por exemplo. Se conseguir comprar passagens internacionais com bastante antecedência, provavelmente ganhará muito mais deixando as milhas para serem usadas em destinos dentro do país.

Tem gente que gasta mais no cartão apenas para ter milha, sem fazer a conta se o gasto extra vale ou não a pena. Não estou falando de compras desnecessárias, mas dos gastos regulares mesmo. É muito comum que algumas pessoas paguem sobrepreço para ganhar milha. Elas vão ao posto de combustível que dá milha, mas não conferem se o preço do combustível naquele posto não é muito mais alto do que em outros. Vale a pena gastar mais para encher o tanque em troca de algumas poucas milhazinhas? Fique sempre atento. Às vezes, o que parece promoção ou benefício é na verdade um presente de grego.

Ao pensar nos benefícios e nas arapucas do cartão de crédito, passando por uma profunda análise das reais vantagens da troca por milhas, você provavelmente chegou à conclusão de que gastar dinheiro deveria ser uma ação muito mais trabalhosa do que nos parece ser. Na verdade, ela pode ser simples, mas precisa de uma boa dose de racionalidade. Comprar sem analisar as alternativas, sem comparar preços e sem dar atenção às nossas reais necessidades e ao poder de fogo do nosso bolso é jogar contra a própria saúde financeira. Não seja o seu próprio inimigo.

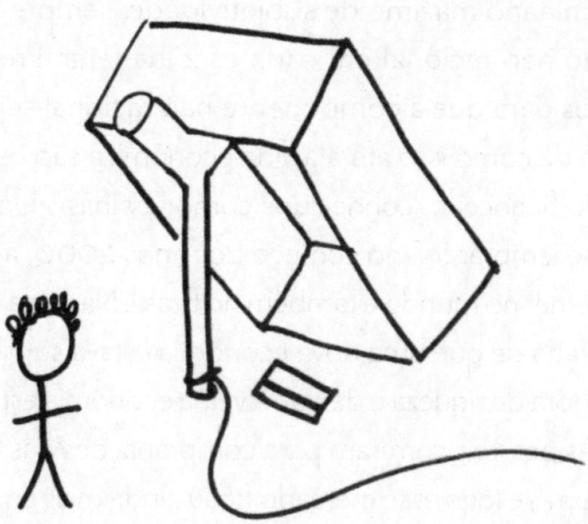

O QUANTO A IRRACIONALIDADE É CAPAZ DE INFLUENCIAR A VIDA FINANCEIRA

Somos seres racionais. Portanto, a nossa razão quase sempre predomina sobre as emoções, fazendo com que as nossas escolhas sejam pensadas, ponderadas e comparadas às demais possibilidades, certo? Não exatamente. Quem dera fosse assim. Na maior parte do tempo, até é. No entanto, em alguns assuntos, principalmente quando se trata de relacionamentos e dinheiro, na prática a teoria é outra.

Embora tenhamos alto grau de racionalidade, nossas decisões são pautadas por escolhas muitas vezes subjetivas. Isso pode ser um erro, sobretudo naqueles aspectos em que a máxima racionalidade deveria prevalecer, como no caso da vida financeira.

É comum tomarmos partido de pessoas e situações. Nossas decisões são afetadas pelas experiências vividas e também pelo nosso estado físico e emocional no momento em que são tomadas. Mesmo sabendo disso e procurando eliminar o máximo de subjetividade, sempre haverá pelo menos uma porção não racional em cada escolha feita. Precisamos, então, estar preparados para que a componente não racional seja mínima.

Um exemplo de como isso afeta a vida econômica são os períodos de euforia no mercado financeiro, conhecidos como "bolhas". Uma bolha da qual a maioria deve se lembrar foi, no começo dos anos 2000, a criação de várias empresas de internet no mundo e também no Brasil. Naquela época, havia uma certeza generalizada de que uma nova economia estava surgindo, de que a internet seria geradora de riqueza e de que a velha economia estaria superada em pouco tempo. As pessoas correram para comprar ações das companhias chamadas "pontocom", e logo esse mercado ficou ainda mais aquecido e pujante.

Olhando em perspectiva, fica claro que houve um enorme exagero nessa visão. A internet até podia representar uma nova fronteira na economia mundial, mas a euforia obscureceu uma questão que hoje parece muito nítida: como a internet, sozinha, iria suprir todas as necessidades econômicas? O surgimento de uma nova visão de mercado por acaso substituiria alimentos e bens de consumo de que a humanidade precisa para sobreviver e ter conforto?

E essa tal de bolha?

Bolhas econômicas são sinônimo de especulação e mercado inflado artificialmente. Elas se formam quando algum produto ou serviço passa a apresentar preços irreais. Estouram ou murcham quando as condições de mercado se tornam desfavoráveis e a demanda cai vertiginosamente.

Foi o que ocorreu com a bolha imobiliária dos Estados Unidos, que resultou na chamada crise do subprime, deflagrada em 2008. Os bancos e as casas de hipoteca estavam financiando casas a juros baixos para os americanos. As pessoas não tinham nem sequer de comprovar renda. Muita gente, inclusive imigrantes ilegais e pessoas sem rendimento fixo, comprou não apenas um, mas vários imóveis. Os preços dispararam.

Quando a inadimplência chegou para a maioria dos compradores subprime, aqueles de baixa renda, sem comprovação ou mesmo sem renda, a bolha estourou, levando à quebra de várias instituições financeiras. A situação é retratada no filme *A grande aposta* (*The Big Short*, no título original, em inglês).

A primeira bolha de que se tem notícia ocorreu em 1634, na Holanda, e ficou conhecida como "a crise das tulipas". A flor, produto tradicional holandês, havia se tornado uma mania entre endinheirados do mundo todo. Muitos investidores começaram a adquirir tulipas no mercado futuro, ou seja, antes mesmo de elas serem plantadas e colhidas. Enquanto o salário médio holandês era de 400 florins, um bulbo de tulipa chegava a ser vendido por 6.000 florins. Os preços foram sendo inflados durante três anos, até que todos se deram conta de que não havia mercado para tantas tulipas — nem tulipas para tanta demanda. Os preços então despencaram, e os "investidores" que torraram as suas economias comprando tulipas no mercado futuro perderam muito dinheiro.

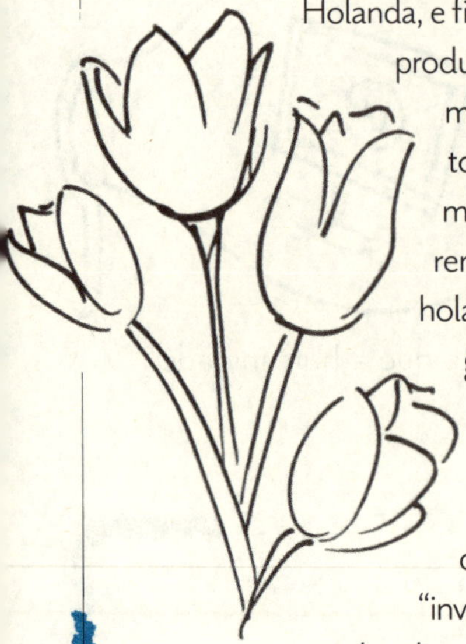

O caso da bolha da internet mostrou-se uma típica situação em que a análise subjetiva falou mais alto. Investidores eufóricos levaram o mercado a agir de forma exageradamente positiva. O otimismo de alguns fez com que outros embarcassem na mesma onda de euforia e aceitassem a ideia de que haveria ganhos suficientes para todos.

Partindo da visão de que a maioria não poderia estar errada, outros investidores, menores, foram aderindo à tendência e inflando ainda mais os preços e o mercado. Os primeiros investidores, percebendo o risco, começaram a desembarcar. Esses ganharam dinheiro, mas deixaram a bomba armada para os desavisados que vinham logo atrás — principalmente os pequenos.

A bolha estourou. Muitas empresas naufragaram, e poucas sobreviveram. Vários investidores registraram fortíssimos prejuízos. Prova de que a crença disseminada entre muitos economistas de que o mercado é um ser perfeito que se autorregula sem necessidade de interferência e olhar vigilante por parte das autoridades econômicas — e, às vezes, policiais — não é tão exata assim.

Nas decisões individuais e até corriqueiras, ocorre a mesma coisa. Voltando ao exemplo: quem nunca comprou uma roupa ou um calçado e depois concluiu que não fez a melhor escolha? Muitas vezes, adquirimos o produto e nem o usamos ou o usamos poucas vezes, porque não gostamos do caimento, da cor, do modelo. E olha que nem estamos falando novamente de consumidores compulsivos, aqueles cujo prazer é comprar mais do que usar o artigo comprado.

Por isso, convém sempre dosar as aquisições com uma pitada a mais de racionalidade. Para evitar adquirir algo de que não precisamos, devemos, antes, ponderar se esse bem é necessário e se o preço pelo qual está sendo oferecido é aceitável.

O subconsciente consumista...

... carente

Segundo estudos em psicologia econômica, o nosso subconsciente nos prega algumas peças quando se trata de aquisições. Ao pegar um produto em uma loja, por exemplo, se ficamos com ele nas mãos por mais de 30 segundos, há uma tendência a criarmos um leve vínculo afetivo que vai nos induzir à compra.

... insaciável

Outra forma pela qual o nosso cérebro nos engana é nos fazer imaginar o prazer que a posse do objeto vai proporcionar. Só que o prazer é de curta duração. Logo, aquilo não tem mais importância. Para sentir novamente a mesma satisfação, é preciso fazer novas aquisições. E o nosso subconsciente não nos avisa disso — nem o nosso bolso suporta essa roda-viva de aquisições sem fim. É por isso que compramos produtos que acabamos usando poucas vezes e depois deixamos largados em um canto. Se não vamos usar, por que compramos?

... influenciável

O mesmo ocorre quando consumimos produtos "pelo preço". Quando estamos predispostos a gastar, podemos escolher um vinho muito mais caro em um restaurante na ilusão de que ele seja melhor do que os demais. Em geral, não compramos o mais caro, mas um de preço intermediário, para não ficarmos com o mais barato. O mais barato sempre passa a ideia de que é de qualidade inferior, o que nem sempre é verdade. Muitas vezes, optamos por um produto intermediário ou mais caro também por medo do que as pessoas vão pensar a nosso respeito se optarmos pelo mais barato. Mesmo que sejam pessoas que sequer conhecemos ou que, provavelmente, não vão voltar a nos ver, como o garçom em uma viagem de férias.

No caso de vinhos e outros produtos que costumamos escolher "pelo preço" — desde que não seja o menor —, a experiência mostra que a tentativa de autoafirmação quase nunca faz sentido. Várias pesquisas de testes cegos, aqueles em que a pessoa não sabe o que está consumindo, mostraram que a maior parte dos consumidores não sabe identificar a origem do produto e, frequentemente, opta pelo mais barato. Os mesmos testes mostram que a pessoa fica mais predisposta a gostar do produto mais caro quando é informada do que se trata — e do preço dele.

É uma forma de enganar o cérebro do consumidor. É muito provável que, se provar o mesmo produto — suponhamos, um vinho feito pelo mesmo fabricante — com duas marcas e preços diferentes, você tenda a achar "mais saboroso" ou "de melhor qualidade" o vinho mais caro. Qual a lógica disso?

... invejoso

Existe outro erro, que é imitar o padrão de comportamento de amigos e parentes. É muito comum alguém adquirir um bem que cause admiração nas pessoas em volta. Essas, por sua vez, mesmo que de forma inconsciente, procuram também adquirir aquele bem ou outro semelhante e, se possível, mais caro, em uma competição sem sentido.

Não é por outro motivo que muitas pessoas adquirem, por exemplo, um carro muito mais caro do que o necessário. A pessoa vive sozinha ou tem família pequena e só transita na cidade, mas adquire um veículo médio ou grande para manter o *status*. Paga um preço elevado pela imagem de bem-sucedida que o carro lhe proporciona. Você é do tipo que se preocupa com a opinião alheia? Mais do que isso: é do tipo que se preocupa com a imagem que os outros fazem de você? Se é, vale a pena pagar por essa imagem?

... inocente

Isso sem falar nos truques que o comércio usa para nos fazer gastar mais. Não basta que nós mesmos nos enganemos. Tem sempre alguém disposto a tirar algo a mais da nossa ingenuidade. Nas lojas físicas, o mais comum é o truque da promoção. Principalmente o compre dois, leve três. Claro que o terceiro não é grátis, como sempre se apregoa. Mesmo que haja um desconto, o preço pago pela terceira peça em geral não acarreta nenhuma perda para o lojista. Pense: se você fosse o lojista, iria vender com prejuízo? Ele pode, no máximo, diminuir o próprio lucro.

Às vezes, é interessante adquirir produtos assim porque vamos de fato usá-los e o custo menor compensa. Mesmo assim, não se esqueça de fazer as contas para ver se o preço unitário realmente é menor e, portanto, vale a pena. Comprar apenas para "aproveitar" a vantagem é bobagem. Se você não vai utilizar o produto ou se vai demorar muito para usá-lo, não está fazendo economia nenhuma.

... internauta compulsivo

No comércio virtual, a principal pegadinha é a do frete grátis. Muitas lojas oferecem entrega gratuita se o consumidor fizer compras acima de determinado limite. Despertado pela palavra "grátis", o cliente muitas vezes acaba comprando além do que precisa ou algo de que simplesmente não necessita apenas para não ter de pagar o frete. Nem se dá ao trabalho de verificar quanto custaria o frete para os produtos que iria adquirir inicialmente e dos quais realmente precisava. Se fizesse isso, iria se surpreender com a quantidade de vezes em que pagar o transporte fica mais barato do que adquirir algo que não irá usar.

Quantas vezes, por exemplo, o produto que o cliente adquire está a poucos reais — ou até centavos — do valor mínimo para o frete "grátis". Suponhamos um limite de R$ 100,00 para o dito frete grátis; neste caso, um produto que custe R$ 97,90, ou até mesmo R$ 99,90, está muito perto do valor limite, porém não dá o direito à entrega sem custo. Aí, você compra outro produto — digamos, de R$ 20,00 (ou de R$ 19,90, já que os preços quebrados, embora tenham pouca diferença na prática, funcionam como ótimo chamariz de vendas) — sem se dar conta de que o frete talvez custe menos do que isso.

Para aumentar o grau de racionalidade das decisões, o melhor a fazer é controlar os gastos, cortar as despesas desnecessárias e investir sempre. Também ajuda parar e pensar antes de fazer qualquer compra ou gasto. Isso vai nos dando experiência para escolhas mais maduras e nos acostuma a viver com menos, apenas com o necessário, sem que nos preocupemos em acumular bens e produtos que nem sempre nos proporcionam alguma utilidade. Quando organizamos a nossa vida financeira, definimos objetivos e analisamos os nossos gastos, fica mais fácil racionalizar as despesas e disciplinar as compras.

Eu o convido, portanto, a colocar a sua racionalidade em prática. Até aqui, estamos indo bem. Você já encarou o fato de que o seu dinheiro é finito, já sabe quanto ganha, quanto pode gastar e de que forma. Sabe também que tem de poupar uma parte dos ganhos e investir no futuro para poder continuar usufruindo da vida quando não puder ou não tiver mais que trabalhar.

É um belo começo para quem pretende tornar a vida financeira mais racional. Como vimos, muita gente gasta mais do que tem por não saber enfrentar as armadilhas que o dinheiro e as facilidades para gastar além da conta proporcionam. Essas pessoas não controlam os gastos, não sabem quanto têm no banco e pagam juros excessivos que, quase sempre, poderiam ser dispensados. Elas tratam o dinheiro como um tema tabu e têm dificuldade de lidar com ele.

Se você faz parte desse time, está prestes a deixá-lo agora. Você está se preparando para enfrentar não só a lida diária com as contas a pagar e a receber como também está apto a fazer o seu patrimônio crescer por meio de investimentos inteligentes. Você só precisa retomar o controle e decidir agir dentro dos seus limites financeiros. Para isso, terá de agir com isenção na hora de gastar. Terá de aprender a analisar todas as possibilidades de forma lógica, baseado em informações, deixando as emoções de lado. Não é difícil nem muito trabalhoso. Basta um pouco de treino.

Isso vale para o seu dia a dia, mas vale também para aquele dinheiro a mais que entrou e você não esperava. Se você utilizar ao máximo a sua racionalidade, poderá usar esse dinheiro muito bem a seu favor e dar um salto de qualidade na sua vida e nos seus investimentos. Você pode, por exemplo, antecipar, com uma parte desse dinheiro, o consumo de algum bem ou serviço que seja *necessário* e, com outra parte, investir. O que você não pode, de jeito nenhum, é gastar tudo com coisas que não compraria se não tivesse essa disponibilidade financeira. Em outras palavras, o que não dá é para fazer compras desnecessárias.

CARRO: A MÁQUINA DE QUEIMAR DINHEIRO

Se você ouviu alguma vez a história de que comprar um carro é fazer um investimento, apague essa ideia da cabeça imediatamente. Carro só é investimento em uma circunstância: quando comprado por um profissional ou uma empresa que o utiliza como parte do negócio. Aí, sim, ele é uma ferramenta de trabalho, usada para melhorar o resultado de uma atividade comercial. Fora disso, carro é custo. Em outras palavras, uma fonte de despesas.

A sociedade brasileira, muito mais próxima da americana que da europeia, venera o carro como um importante símbolo de *status*. Lembra-se do que falamos algumas páginas atrás sobre comprar um carro com perfil muito acima das suas necessidades? É isso e um pouco mais.

Os europeus, mais pragmáticos, costumam enxergar o automóvel como um meio de transporte. Ele o leva aonde você precisa ir. O grau maior ou menor de conforto e de luxo está mais associado ao padrão de vida e ao uso que se faz do automóvel do que ao que o vizinho ou o cunhado pensa quando vê o seu carro.

Essa visão utilitária do automóvel é a que mais combina com a saúde do bolso. Se no seu dia a dia você não precisa de uma chave de fenda grande, se uma pequena ou média dá conta das suas principais demandas, por que você compraria uma grande? Você teria de guardá-la numa caixa de ferramentas maior e teria dificuldade em usá-la em atividades que exigissem ferramentas menores.

Com o carro, a visão deveria ser a mesma, mas em geral não é. Um carro grande, usado na cidade, por exemplo, representa maior dificuldade para estacionar, maior custo de combustível, seguro e IPVA mais caros, entre outros aspectos. A maioria das pessoas, se fizesse as contas, chegaria à conclusão de que ganharia muito mais se tivesse um carro compacto, econômico e ágil para usar na cidade, mesmo que tivesse que alugar um modelo mais potente para a viagem de férias ou nos feriados. Tem mais: os carros, em geral, são subutilizados. O que se vê nas grandes cidades do país são congestionamentos formados por carros ocupados por poucas pessoas. Cálculos da Prefeitura de São Paulo indicam que a ocupação média é de 1,4 pessoa por automóvel em circulação na cidade. Ou seja, a maioria anda de carro sozinha. Algumas pessoas trafegam em enormes utilitários que ocupam, na rua, o espaço equivalente ao de quase dois carros pequenos.

Um cálculo feito pela Faculdade de Direito de Vitória, no Espírito Santo, reproduziu a experiência da prefeitura da cidade alemã de Münster e confrontou o espaço ocupado por carros e ônibus.[16] O objetivo era saber quanto ocuparia de espaço e quantos veículos seriam necessários para transportar 72 pessoas. Foi usada como parâmetro uma média de 1,2 pessoa por carro.

Pessoas e carros foram convocados para fazer parte do experimento. Concluiu-se que são necessários 60 carros para alcançar essa média. Os carros ocuparam 1.000 metros quadrados. Em contrapartida, foi preciso apenas um ônibus — com cerca de 20 pessoas em pé — para transportar os mesmos 72 passageiros, ocupando somente 30 metros quadrados — 3% da área dos carros.

A experiência serve para mostrar como o carro é o principal causador de congestionamentos no trânsito das grandes e, hoje em dia, também das médias cidades. Quem dispõe de transporte coletivo que circule em corredores exclusivos não só gasta menos com transporte como, em geral, economiza tempo. Mas, claro, isso não vale para todos.

16 SOARES, Leonardo. Dia mundial sem carro: faça a sua parte! *Gazeta Online*, 01 set. 2014. Disponível em: <http://agazeta.redegazeta.com.br/_conteudo/2014/09/noticias/cidades/1496237-dia-mundial-sem-carro-faca-a-sua-parte.html>. Acesso em: 03 jan. 2017.

Como o serviço de transporte varia em qualidade e em oferta de uma cidade para outra — e, às vezes, até dentro da mesma cidade —, é possível que, para manter um mínimo de qualidade de vida, para muitas pessoas seja necessário utilizar o automóvel no dia a dia. Gasta-se mais, mas ganha-se tempo e conforto. Aí é uma questão de escolher o que proporciona maior prazer: conforto ou agilidade, economia de tempo ou dinheiro. Novamente, é o caso de encarar a realidade e escolher uma saída entre as possibilidades. Desse modo, a racionalidade começa a fazer parte das escolhas financeiras.

> Se carro fosse investimento, ele deveria se valorizar com o decorrer do tempo ou então trazer ganhos financeiros para o proprietário. E o que ocorre é justamente o oposto.

Além de gerar despesas, trata-se de um bem com depreciação acelerada, ou seja, que perde valor rapidamente. Nada mais verdadeiro do que a sabedoria popular segundo a qual um carro zero quilômetro perde em torno de 10% do valor um segundo depois de deixar a concessionária.

Exatamente por isso, muita gente, mesmo tendo recursos suficientes, prefere não comprar carros novos. Um usado ou seminovo (quando tem até três anos de uso) oferece praticamente as mesmas vantagens de um modelo zero quilômetro por um preço em média 30% menor. Ou até mais. Nos últimos anos, as vantagens de quem prefere um seminovo cresceram. Praticamente obrigadas pela concorrência, as montadoras instaladas no país passaram a oferecer prazos de garantia maiores. O padrão do mercado brasileiro deixou de ser um ano de garantia para se tornar no mínimo três. Como há também montadoras que concedem cinco ou até seis anos de garantia, é possível comprar um seminovo dentro do período assegurado pelo fabricante, o que aumenta muito a confiabilidade do negócio.

Mas há quem prefira os novinhos em folha — e não se pode criticar essas pessoas por isso. Mesmo assim, valem alguns alertas sobre erros muito comuns a que o comprador de um carro "com cheirinho de novo" está sujeito.

O primeiro deles talvez seja pensar apenas no preço do carro, seja à vista ou no valor da parcela mensal de um financiamento. Aliás, quando se trata de financiamento, o erro é maior, porque o gasto se prolonga por um período durante o qual o dono do veículo pode estar sujeito a contratempos. É importante lembrar que o carro pago ou financiado tem uma série de custos dos quais a maioria se esquece. Por essa razão, é muito comum motoristas de primeiro volante adquirirem um carro e descobrirem alguns meses depois que, além das parcelas do financiamento, existem várias outras continhas a quitar. Muitas vezes, o feliz proprietário do veículo não dá conta de pagar os extras que não havia previsto. Quando o veículo é financiado, o primeiro custo é com os juros do financiamento. É sempre bom fazer as contas para ver quanto o carro está custando de fato, já que em cima da parte financiada são acrescidos juros.

O valor escondido

Além do valor do carro, o comprador precisa arcar com o custo de algumas despesas anuais. Basicamente, licenciamento e seguro obrigatório. Juntas, as duas despesas representavam, no início de 2017, aproximadamente R$ 300,00 na cidade de São Paulo.

O valor do licenciamento varia de um estado para outro. Já o do seguro obrigatório, conhecido como DPVAT, é o mesmo em todo o país, sendo válido também para todos os modelos de automóvel — mas atenção: devido ao grande número de acidentes, o DPVAT custa o dobro para motocicletas de qualquer tamanho ou cilindrada. É a tal da "sinistralidade" de que falam as companhias de seguro. O risco de uma motocicleta se envolver em um acidente é maior, portanto o valor cobrado pelo seguro também é mais elevado.

O seguro obrigatório cobre — ao menos em parte — as despesas hospitalares e indenizações por invalidez temporária ou permanente e morte, nos casos de acidente de trânsito. Mas não substitui a apólice de seguro contra roubo e acidentes, que, além de cobrir as despesas com o conserto ou, nos casos de perda total, substituição do carro, pode também indenizar eventuais vítimas, caso isso esteja previsto na apólice.

Essa apólice de seguro é um gasto não obrigatório, mas que pode ser importante, principalmente em função do alto volume de roubos de veículos nas grandes cidades. Sem contar que nem mesmo o melhor e mais cauteloso dos motoristas está livre de um acidente.

Os preços desse seguro variam conforme o perfil das pessoas que vão dirigir o veículo. Em geral, jovens pagam "prêmios" (valores de seguro) maiores, porque estatisticamente estão mais propensos a se envolver em acidentes. Na visão das seguradoras, eles frequentam mais festas, têm menos experiência ao volante, são mais autoconfiantes e, para economizar um dinheirinho, tendem a estacionar mais nas ruas do que em estacionamentos.

Também há variações em relação ao local em que o veículo está registrado, aos locais pelos quais trafega mais frequentemente — pode ser que essas áreas estejam mais sujeitas a roubos ou acidentes — e ao modelo do carro — alguns são mais visados para roubo e furto. Em carros com até dez anos de uso, o custo do seguro pode ser de 5% a 10% do valor do veículo. Carros com mais de dez anos em geral costumam ter uma proporção maior do que essa, o que normalmente torna os preços da apólice pouco competitivos. Se é o seu caso, veja se realmente vale a pena pagar o seguro ou economizar o equivalente à apólice para trocar de carro mais rapidamente. Você também pode procurar apólices para coberturas específicas, como furto ou incêndio, que são mais baratas que as de cobertura ampla.

A despesa seguinte é o IPVA, um imposto sobre a propriedade do veículo. Pode ser de 3% ou 4% do valor do carro, proporção que também varia conforme o estado de licenciamento. Como é uma porcentagem sobre o valor, quanto mais caro for o carro, maior será o IPVA. Alguns estados concedem alíquota mais baixa (3%) para veículos a etanol ou bicombustíveis — os chamados *flex*.

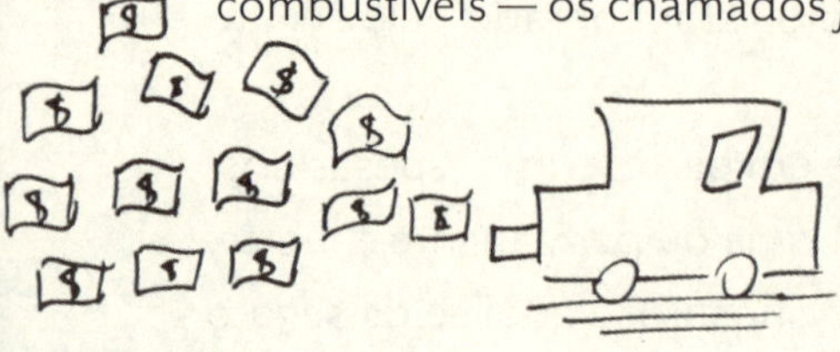

O IPVA é calculado em cima do valor venal de cada veículo, diferenciado por modelo e ano. Esse valor é estabelecido com base em uma pesquisa da secretaria de fazenda de cada estado. Então, é comum que ocorram variações muito grandes e, assim, um mesmo modelo pague taxas discrepantes de IPVA de um estado para outro. Por essa razão e por causa da diferença também nas taxas de licenciamento, algumas empresas que possuem grandes frotas de veículos, como as locadoras de automóveis, costumam registrar todos os seus carros em um ou no máximo dois estados nos quais o custo de licenciamento seja menor.

O IPVA leva em conta a depreciação do automóvel. Assim, com a passagem dos anos, o IPVA vai ficando gradativamente mais barato — e deixa de ser cobrado a partir do 21º ano de vida do veículo. Mas, como o valor venal é definido pela Fazenda estadual, é possível que a velocidade da queda no imposto seja diferente de uma localidade para outra. Alguns estados definem tabelas de valores venais bastante aleatórias, impactando, com isso, o valor do tributo.

Manutenção é a despesa seguinte. É o tipo de gasto que, ao contrário do IPVA, cresce com o passar do tempo. Carros mais velhos já foram, em tese, mais utilizados e, portanto, requerem manutenção mais intensa ou mais frequente. O custo da manutenção cresce em termos nominais, porque ela precisa ser mais assídua, e em termos proporcionais, já que, com a depreciação do veículo, o seu valor de mercado diminui, mas o preço das peças que precisam ser substituídas é o mesmo para um carro novo ou com alguns anos de uso. Como o carro muito usado vale menos, o custo da manutenção torna-se proporcionalmente maior para ele, podendo muitas vezes um simples conserto chegar ao equivalente a 30% ou 50% do valor do carro.

Estacionamento também é um gasto bastante frequente. Varia muito conforme o perfil de uso do veículo e também de acordo com a cidade. Grandes centros urbanos têm estacionamentos mais caros do que cidades menores. Mas o fenômeno começa a se espalhar pelo país, sobretudo entre as cidades médias, cujo crescimento da frota se intensificou nos últimos anos. Segundo levantamento do Detran-SP, várias cidades de porte médio do estado de São Paulo registraram aumentos da frota proporcionalmente superiores ao da capital. Mesmo assim, as grandes cidades e as capitais ainda lideram com larga margem o número absoluto de automóveis por habitante.[17]

17 RODRIGUES, Juciano Martins (org.). *Estado da motorização individual no Brasil – Relatório 2015*. Rio de Janeiro: Observatório das Metrópoles, 2015. Disponível em: <http://www.observatoriodasmetropoles.net/download/automoveis_e_motos2015.pdf>. Acesso em: 03 jan. 2017.

Existe ainda o gasto com combustível, o mais frequente. Varia conforme o modelo e também de acordo com a quilometragem rodada. Carros maiores, em geral, gastam mais.

Por fim, ainda tem a depreciação do veículo, que é a perda do valor com o passar do tempo. Costuma ser proporcionalmente maior nos modelos mais caros. A lógica por trás disso é que carros luxuosos têm menos interessados em comprá-los, sobretudo se forem usados. Isso faz com que o valor despenque logo nos primeiros anos de uso. Com isso, o custo de manutenção também fica proporcionalmente maior, já que ele é também mais alto — idêntico ao de um carro novo do mesmo modelo —, mas para um veículo cujo preço já foi bem desvalorizado.

O ideal, então, antes de comprar, é calcular o custo anual de um carro. Quanto ele vai pesar no bolso levando em conta licenciamento e seguro obrigatório, quanto vai consumir, mais ou menos, de combustível no sistema de uso que você pretende empregar, quanto será gasto com estacionamento, qual será o valor do seguro anual, qual será o valor mínimo a ser gasto com manutenção — algumas marcas oferecem valores fixos ou estimativas de gasto nas primeiras revisões — etc. Pesquise. A informação é uma importante aliada do consumidor consciente. Outros dois aspectos podem ser levados em conta na hora de adquirir um carro. Um deles é o custo de oportunidade. O dinheiro que você gasta para comprar o carro poderia estar investido e gerando mais dinheiro. O outro é o prazer que o veículo proporciona. Se você fez todas as contas, o carro cabe no seu orçamento, sabe que terá uma fonte de despesas e ele ainda te proporciona felicidade, por que não comprá-lo? Com base no resultado dessa conta, você pode estimar o peso do veículo no seu orçamento e responder à seguinte questão: o carro é mesmo necessário na sua vida?

Claro que não estamos falando daquelas pessoas que dependem do carro para trabalhar, porque essas não têm alternativa. Mas, se você dispõe de uma boa oferta de transporte público, que não o faz perder muito tempo na locomoção entre os seus compromissos, ou se faz um uso ocasional do carro, vale a pena pensar em alternativas.

Vá de táxi (ou Uber...)

Uma delas é o táxi. Você vai percorrer trajetos médios, nem curtos demais nem excessivamente longos? O táxi ou um serviço de motorista por aplicativo, como o Uber e outros, pode ser uma boa pedida. Confira o valor da bandeirada e do quilômetro rodado na sua cidade e veja quanto fica andar de carro. Existem vários aplicativos que fazem essa estimativa, boa parte deles disponível gratuitamente na internet. Sabendo o valor da corrida e da bandeirada, você mesmo calcula quanto custaria uma corrida. O próprio Uber faz essa estimativa. Precisa saber as distâncias para fazer o cálculo? Consulte o GPS do seu celular. É fácil, prático e rápido.

Hoje, existem muitas alternativas para a mobilidade urbana. E a tecnologia é uma importante aliada na hora de economizar. Use o máximo que puder de aplicativos gratuitos para saber qual é a melhor alternativa em termos de rapidez e economia para se locomover. Teste várias opções para saber qual é a melhor. Tenha em mente que, em cada situação, pode ser mais vantajoso optar por uma ou por outra.

Você também pode baixar no seu telefone móvel os vários aplicativos de táxi e outros serviços de transporte. Assim, pode comparar várias possibilidades e escolher a que proporciona o melhor resultado entre custo, conforto, rapidez e praticidade.

Se o custo da viagem é ligeiramente maior do que o do carro e você não usa o automóvel com frequência, o táxi ou outro serviço de transporte individual por aplicativo pode valer a pena. Ainda mais depois do surgimento de serviços mais simples e viagens compartilhadas, que custam bem menos do que o serviço tradicional. Afinal, você está gastando mais em cada corrida, mas não está tendo a montanha de despesas desde a aquisição do carro até a manutenção. Lembre-se apenas de que à noite, nos fins de semana e nos feriados os táxis são autorizados a utilizar bandeira 2, que é mais cara do que a tarifa normal (bandeira 1). A bandeira 2 não é obrigatória em todos os lugares. Em São Paulo, a prefeitura tornou essa cobrança extra opcional, em 2016. Cabe ao taxista ou à empresa de táxi decidir pela cobrança ou não. A maioria não cobra.

Opções como o táxi e o Uber podem ser mais vantajosas. Principalmente porque é possível manter o dinheiro empregado na compra do carro em uma aplicação, rendendo juros e aumentando o patrimônio. De qualquer forma, é preciso levar em conta, por exemplo, questões como praticidade, necessidade no uso do veículo — quem transporta frequentemente uma pessoa com problemas de mobilidade provavelmente terá mais conforto e praticidade se mantiver um carro à disposição.

No entanto, não se esqueça de que, para economizar, você também pode contar com alternativas como transporte público, andar a pé ou de bicicleta, se as condições permitirem.

Alugue um carro

Não precisa do táxi e usa o carro só para pequenas viagens de fim de semana ou deslocamentos eventuais? Já pensou em alugar? O aluguel de veículos não é exatamente barato, mas, para quem usa o carro para, digamos, viajar dois fins de semana por mês e não dirige durante a semana, o custo pode ser bastante compensador. Você paga a locação, mas não tem que arcar com os impostos e a manutenção do veículo, por exemplo. Uma tendência recente no Brasil, mas que já existe em outros países há mais tempo, é a locação de veículos por hora, em vez de diárias. Avalie se é o seu caso.

Ao fazer a conta, não leve em consideração apenas o que você gasta na viagem, como pedágios e combustível. Inclua também no cálculo o custo de manutenção do carro, o IPVA, o seguro, as despesas com estacionamento e outras. Você pode fracionar as despesas anuais e ver quanto elas representam por mês. Não se esqueça do custo do automóvel.

Outra vantagem extra é que, com a locação, você pode escolher diferentes modelos, conforme a necessidade ou simplesmente pelo gosto de conhecer várias alternativas. Além disso, ao se tornar usuário frequente, é possível ter direito aos descontos nas tarifas oferecidos pelas locadoras a clientes fiéis. Você pode simular o valor das diárias no *site* das locadoras. Não se esqueça de incluir o seguro que é cobrado à parte na diária, além de calcular o custo com combustível e pedágio, que são por sua conta.

A locadora normalmente entrega o carro com o tanque cheio, mas você tem de devolvê-lo na mesma condição. Caso contrário, vão lhe cobrar o combustível faltante para completar o tanque. Nesse caso, é possível que o preço seja um valor mais alto do que você está acostumado a pagar no posto da sua confiança.

Compartilhe o veículo

Mais recentemente, começou a surgir no Brasil uma alternativa às locações que cai como uma luva para quem faz uso eventual do carro, sobretudo se o perfil do usuário é eminentemente urbano: são os clubes de compartilhamento de veículos. Foi uma ideia que começou na Europa com bicicletas e rapidamente chegou aos carros. No Brasil, já existem algumas experiências nesse sentido. Para usufruir, a pessoa precisa se inscrever no "clube" e pagar uma taxa. Os valores normalmente são bem razoáveis. Uma vez aceito, o novo membro do clube recebe um cartão-chave que lhe permite ter acesso aos veículos do grupo.

A pessoa se dirige ao local onde os carros ficam guardados, usa o seu cartão para abrir o veículo e, dentro dele, encontra os documentos e a chave. O cartão é usado para acionar o mecanismo que faz a leitura do tempo pelo qual o veículo está sendo utilizado por aquela pessoa. A locação é cobrada por hora, em valores inferiores aos da locação tradicional, e o pagamento é feito na fatura do cartão de crédito.

Trata-se de excelente alternativa para quem tem uma estação de carros compartilhados perto de casa e precisa do veículo eventualmente, para ir a uma reunião ou fazer compras no shopping. Como o valor cobrado é por hora, essa modalidade acaba compensando somente quando existe um ponto próximo de onde você se encontra, para retirar ou devolver o carro.

Carro: ter ou não ter?

Carro já foi sinônimo de liberdade. Ter um significava a oportunidade de não depender de ninguém para circular por aí. Hoje, carro, analisado do ponto de vista do meio ambiente e das finanças pessoais, pode ser considerado um estorvo. Primeiro, porque, se você mora na área mais central de uma grande cidade, pode perfeitamente passar sem ele. Segundo, porque você pode até precisar dele eventualmente, mas não precisa ser necessariamente dono de um. Dê uma olhada no exercício a seguir e descubra se o carro é algo que realmente faz diferença na sua vida ou se, no seu caso, ele serve apenas para poluir, provocar congestionamentos e esvaziar a conta.

1. Com que frequência você usa o carro?

A) Uma vez por semana ou menos
B) Duas a três vezes por semana
C) Quatro vezes por semana ou mais

2. Quanto você gasta com isso por mês?

A) Até 10% do que ganha
B) De 10% a 20%
C) Mais de 20%

3. Você já tentou utilizar outras formas de transporte, como transporte público, táxi, aplicativos de transporte, bicicleta, a pé etc.?

A) Sim. A experiência foi satisfatória
B) Sim. A experiência não foi satisfatória
C) Não

4. Onde você mora existe boa oferta de transporte público de modo que você possa dispensar o carro?

A) Sim
B) Mais ou menos
C) Não

5. Você mora perto do trabalho ou existe a possibilidade de morar mais perto do trabalho para não ter gastos com um carro?

A) Sim

B) Mais ou menos

C) Não

6. Você usa o carro em viagens? Quantas vezes por ano?

A) Sim. Semanalmente

B) Sim. Uma vez por mês ou menos

C) Não ou eventualmente

7. Você já fez as contas para saber se o eventual aluguel de um veículo não custaria muito menos do que comprar e manter um carro?

A) Sim. O resultado foi satisfatório

B) Sim. O resultado foi insatisfatório

C) Não

8. Você ou alguém da família depende do carro por alguma razão (doença, mobilidade reduzida, atividade profissional etc.)?

A) Sim

B) Mais ou menos

C) Não

9. Os custos mensais de um carro cabem no seu orçamento?

A) Sim

B) Mais ou menos

C) Não

10. Acha que pode ficar sem carro e desfrutar melhor do seu dinheiro de outras maneiras, como viajar, investir etc.

A) Sim

B) Mais ou menos

C) Não

Se você responder a todas essas perguntas com sinceridade, poderá tirar as suas próprias conclusões. Mas, para ajudá-lo, vou propor uma contagem de pontos. Nessa escala, a pontuação mínima é 10 pontos e a máxima, 30.

Some:

1 ponto para cada resposta A
2 pontos para cada resposta B
3 pontos para cada resposta C

Se você fez:

Até 10 pontos. Pode abandonar o carro já. Você é um candidato natural a se libertar do automóvel e utilizar outros meios, inclusive o aluguel de carros, se precisar.

De 11 a 15 pontos. Você está apto a viver sem carro, mas ainda pode precisar dele pontualmente. Pode demorar um pouco mais para se acostumar, mas você verá que a sua vida ficará melhor, na média, sem os gastos de um automóvel.

De 16 a 20 pontos. Você também pode viver sem carro, mas a sua dependência em relação a ele é grande. Pode gostar da experiência, mas terá um pouco mais de dificuldade para se acostumar.

De 21 a 25 pontos. A sua dependência ao carro é grande. Pode ser que você se adapte, mas provavelmente com alguma dificuldade. Avalie bem a relação entre necessidade e custo-benefício.

26 pontos ou mais. Você é dependente do carro ou extremamente apegado a ele. Não conseguirá largá-lo a menos que mude, muito, o seu modo de vida. E isso é uma coisa que só você pode decidir. Em primeiro lugar, precisa saber se pode. Em segundo, se quer. Em terceiro, se vale a pena (não só do ponto de vista financeiro, mas também de necessidade).

IMÓVEL: NEM SEGURANÇA GARANTIDA, NEM O SEU DINHEIRO DE VOLTA

Esse é provavelmente um dos temas mais polêmicos da vida financeira de qualquer pessoa. Imóvel é um assunto que desperta paixões. Primeiro, porque representa um sonho para a maioria das pessoas. Segundo, porque o seu valor é alto. Terceiro, porque, normalmente, como em quase tudo o que se refere a dinheiro, costumamos tratar do tema mais com emoção do que razão. Vou tentar desmistificar um pouco esse assunto e levá-lo para o lado mais racional.

Você provavelmente passou a vida ouvindo estas quatro frases ou variações em torno delas:

1. Imóvel é segurança, um ativo real que não se desvaloriza. Funciona como uma reserva de valor para tempos de crise e proporciona uma renda mensal decorrente do aluguel.
2. Pagar aluguel é jogar dinheiro fora. Você paga por uma coisa que não é sua, um dinheiro que não tem volta.
3. Vale qualquer sacrifício para ter a casa própria e sair do aluguel.
4. Imóvel é um patrimônio seguro, para o caso de dar tudo errado.

Pode ser que você concorde com elas. Afinal de contas, o senso comum diz que essas são daquelas verdades absolutas e imutáveis da humanidade. Como, em se tratando de dinheiro, só existe uma verdade imutável — quanto mais eu tiver, melhor —, vamos examinar mais detidamente essas quatro afirmações antes de realizar algumas considerações sobre o mercado imobiliário e sobre como uma casa própria ou alugada pode nos fazer mais ou menos realizados financeiramente.

1. Imóvel é segurança, um ativo real que não se desvaloriza

Existe uma crença generalizada de que os imóveis estão sempre se valorizando e que o que você compra hoje necessariamente vai valer muito mais dentro de alguns anos. Não é bem assim.

Os imóveis perdem valor com o passar do tempo, mesmo que você faça a manutenção com muito critério e assiduidade. A mudança na tecnologia de construção e a evolução dos materiais também afetam a desvalorização dos imóveis mais velhos. Um apartamento novo vale muito mais do que um usado com as mesmas características, mesmo que estejam localizados na mesma rua. Se você investe no imóvel fazendo melhorias, saiba que nem todo o dinheiro que empregar em reformas e benfeitorias será recuperado em uma eventual venda.

E tem mais: quando se faz uma reforma radical no imóvel, nem sempre o resultado é melhor do que o estado anterior. Pode parecer melhor para o proprietário, mas é possível que nem todos concordem com ele. Principalmente quando a reforma envolve gostos muito pessoais.

Isso ocorre também quando se trata de construção. O proprietário original mandou construir uma casa à sua imagem e semelhança. Tudo nela reflete o seu gosto. Os materiais podem ser de primeira qualidade, a casa pode estar bem conservada, ter localização excelente. Nem por isso, ela será valorizada ou facilmente vendida. Isso porque o gosto do primeiro dono pode não combinar tanto com o gosto médio dos compradores ou locatários. Nesse caso, a casa pode se tornar um mico — e a sua venda, um martírio.

Em países mais estáveis, o imóvel tende a ser um bom investimento, mas, no Brasil, por causa dos juros altos, a valorização desse tipo de bem é quase sempre inferior aos ganhos do mercado financeiro.

Além disso, se você não tiver uma apólice de seguros que cubra os possíveis problemas, onde estará a segurança — tanto física, do imóvel em si, quanto do seu investimento? O seguro, aliás, serve apenas para preservar a maior parte do patrimônio. Nem sempre cobre todo o valor e não torna o imóvel mais valioso. Sem contar que é um gasto a mais no seu orçamento, um ralo por onde o dinheiro está escoando.

O preço da "sorte"

Vamos supor que a prefeitura mude o zoneamento da cidade. Isso acontece de tempos em tempos, principalmente nas metrópoles. Aquele bairro residencial tranquilo e agradável em que você adquiriu a casa ou o apartamento dos sonhos para morar ou alugar cresceu e mudou de perfil. Agora, a prefeitura acha que o bairro precisa de maior acesso a produtos e serviços e o está transformando em uma área mista, residencial e comercial ao mesmo tempo.

A mudança no zoneamento traz para o bairro a conveniência dos shopping centers, de bons supermercados, farmácias e outras casas comerciais que, antes, o morador era obrigado a procurar em pontos mais distantes. Isso é bom. Pode até valorizar a região — embora não necessariamente. Entretanto, existe uma contrapartida nada agradável: o novo zoneamento permite também a instalação de bares, restaurantes e casas noturnas, estabelecimentos que tendem a aumentar a movimentação de pessoas, muitas delas vindas de outros bairros.

Atraídos pelo bom padrão socioeconômico dos moradores, logo uma dúzia de estabelecimentos do gênero se instalam. E com eles vêm o aumento do tráfego, os congestionamentos, os carros estacionados na rua, o movimento noturno, o barulho e, eventualmente, o aumento da poluição sonora e do ar e da sujeira nas ruas. O bairro pacato acaba de se transformar no novo *point* cultural da cidade. O que você acha que vai acontecer com o valor dos imóveis da região?

Em outra situação, o poder público resolve melhorar o sistema de transporte. Ter uma estação de metrô perto de casa pode ser muito bom, mas um terminal de ônibus ou, pior ainda, um corredor de ônibus perto demais talvez seja danoso para o valor do imóvel.

Então, analisando tais ponderações, você verá que essa premissa nº 1 não é inteiramente verdadeira. Ela nos deixa algumas lições:

1. Manter um imóvel custa dinheiro. E isso inclui o seguro, que, às vezes, pode estar embutido na taxa de condomínio.

2. Mesmo com uma manutenção primorosa, haverá desgaste e depreciação. O imóvel se desvalorizará. A preservação do valor do imóvel dependerá mais de fatores externos, como as mudanças no entorno e a valorização do bairro.

3. Se o seu imóvel desvalorizar devido a fatores externos, além de isso comprometer a sua suposta reserva de valor, você terá maior dificuldade em encontrar compradores para ele. Se você quer deixar uma rua que era pacata e se tornou movimentada e barulhenta, é possível que um número razoável de pessoas também não queira habitá-la. Se o número de candidatos a ocupar o imóvel é menor (demanda reduzida), o valor de venda ou de locação também não se sustenta. Sem contar que a concorrência aumenta: haverá mais proprietários insatisfeitos, querendo deixar suas casas e, portanto, também oferecendo seus imóveis para venda e locação.

No exemplo da mudança de zoneamento, você pode eventualmente ter um ganho se o seu imóvel for adequado para abrigar um dos novos estabelecimentos — um restaurante, por exemplo. Mas convenhamos que poucos proprietários poderão contar com a sorte de estar nessa situação quando o bairro começar a mudar. Como prever o que a região se tornará anos depois da aquisição do imóvel?

✓ Passemos à premissa nº 2.

2. Pagar aluguel é jogar dinheiro fora

De fato, quando você paga o aluguel, aquele dinheiro não volta. O valor pago pelo aluguel serve para custear a sua moradia durante um período. Independentemente do tempo de contrato, o valor mensal pago equivale ao uso do imóvel por um mês. No mês seguinte, é preciso pagar de novo. Caso contrário, começa a contar o prazo para uma ação de despejo. Mas essa não é uma característica exclusiva dos aluguéis.

Qual é o bem ou serviço que você utiliza e do qual obtém o dinheiro de volta? O que traz dinheiro de volta é investimento, não despesa. E, até no caso de investimentos, existem os maus negócios. Nem sempre todo o valor investido volta.

Quando vai ao cabeleireiro e paga pelo corte, você sabe que o seu cabelo vai crescer novamente. Nem por isso, deixa de cortá-lo regularmente, de tempos em tempos, que podem variar de algumas semanas até alguns anos. Tente pedir o dinheiro de volta argumentando que, depois de três meses, seu cabelo cresceu de novo, está sem forma ou sem brilho...

Assim como o corte de cabelo, o aluguel é um serviço pelo qual você paga para desfrutar dos benefícios decorrentes dele por um período. No cabeleireiro, você "compra" uma aparência melhor. Uma aparência que vai lhe trazer bem-estar e pode, eventualmente, ajudá-lo a conquistar um bom emprego ou arranjar um namorado ou uma namorada.

No aluguel, você "compra" o direito de se abrigar em determinado lugar por determinado tempo e nele tocar boa parte da sua vida, inclusive social — quando recebe os amigos, por exemplo. Você paga pelo direito de usar o imóvel pelo tempo determinado, da forma como bem entender, desde que respeite a lei, as condições do contrato e as convenções do condomínio. As regras, aliás, não são muito diferentes das de um imóvel próprio. São poucas as coisas que o proprietário pode fazer e o inquilino, não.

A lição que fica, então, é: se alugar um imóvel é jogar dinheiro fora, comprar uma camiseta, um carro ou uma máquina de lavar roupas para uso próprio também é. Qualquer um desses bens perde valor assim que sai da loja e vai, mais cedo ou mais tarde, tornar-se imprestável.

Embora o bem lhe pertença, o dinheiro que você pagou por qualquer produto ou serviço não vai voltar. Você só vai usufruir dos benefícios de ter a camiseta por um período determinado. Por mais cuidado que tenha em conservá-la — e, com isso, esticar o benefício de tê-la, valorizando o dinheiro gasto —, um dia a camiseta vai acabar. E, se não acabar, é muito provável que você enjoe dela e a coloque numa sacola de doação para pessoas menos afortunadas ou para ser trocada no brechó. Ou seja, o dinheiro do aluguel, do corte de cabelo, da maquiagem, da roupa ou de um automóvel nunca volta. Ou, pelo menos, nunca volta inteiro, já que o carro você pode usar por um tempo e depois vendê-lo, sempre por um valor menor.

✓ Temos ainda a premissa nº 3.

3. Vale qualquer sacrifício para ter a casa própria e sair do aluguel

Os questionamentos das premissas 1 e 2 deveriam ser suficientes para colocar um pouco de dúvida na cabeça de quem pensa que imóveis são o melhor negócio do mundo. Mas, pelo sim, pelo não, vamos analisar melhor a questão e colocar um pouco mais de racionalidade nesse assunto.

Já vimos que o imóvel pode se desvalorizar inclusive por fatores externos, sobre os quais o proprietário não tem o menor controle. Também vimos que o dinheiro pago por um bem ou um serviço não volta, a não ser que este funcione como um investimento. Um imóvel pode ser um investimento se for adquirido para render dinheiro. Mas não quer dizer que vá render todo o dinheiro investido nele. Veremos, logo mais, como isso pode acontecer, mas, por enquanto, tenha em mente que a eventual desvalorização de uma casa ou de um apartamento por fatores internos ou externos pode render aluguéis ou valores de revenda menores do que os pagos originalmente pelo proprietário.

Além disso, existe uma regra de ouro que vale para qualquer negócio: o profissional, aquele que entende do assunto, sempre vai ganhar mais e fazer melhores negócios do que o mais bem preparado e sortudo amador. O profissional conhece o mercado, os limites, os meandros. Sabe até onde pode negociar e até onde pode ceder em um preço. Sabe oferecer vantagens que à primeira vista podem agradar muito ao comprador — ou ao vendedor — mas que no fundo significam muito pouco dispêndio para o profissional e sua empresa.

No caso de uma construtora, que vive de fazer e vender imóveis, não há nenhum motivo para ela não vender pelo maior preço possível. Pode ter certeza de que ela tem conhecimento mais do que suficiente para conseguir o melhor preço. Se ela está oferecendo um desconto é porque é a melhor e talvez a única forma de concretizar a venda. Não é por bondade, porque ela foi com a sua cara ou porque você, como bom pagador, merece essa deferência toda. Só em casos muito específicos, a redução é grande o bastante para afetar significativamente a margem de lucro da construtora. E, normalmente, isso ocorre quando o imóvel está encalhado por alguma razão. Ou porque o mercado está em baixa ou porque aquele empreendimento tem algum problema.

Então, por mais capacitado que seja, o amador, mesmo disposto a barganhar muito, terá de fazê-lo com alguém para quem a barganha é um ato quase tão natural quanto respirar. O profissional negocia todos os dias, várias vezes por dia. Está habituado a isso, conhece todos os truques, todos os segredos da negociação. Não há a menor possibilidade de ele ceder além de limites muito bem estabelecidos por ele mesmo ou pela empresa para a qual trabalha.

É claro que existem os negócios de ocasião, os casos em que pessoas precisam vender um imóvel rapidamente — às vezes, até no desespero —, e, por isso, é possível obter um preço muito baixo. Mas, convenhamos, são exceções. A sua chance de dar de cara com um desses é bem pequena, como se fosse um prêmio de loteria. E, caso tope com essa oportunidade de ouro, você saberá se a pechincha esconde ou não alguma armadilha? Além disso, tem a questão ética. Você aceitaria se aproveitar da situação delicada de alguém para fazer um bom negócio?

Além disso, existe uma verdade inquestionável da qual muitos tentam fugir: um imóvel adquirido para uso próprio não é investimento. É como um carro. Você vai usufruir, se beneficiar dele, mas ele não vai torná-lo mais rico com o passar do tempo. Ao contrário. A tendência é desvalorizar. Portanto, o seu dinheiro também não tem volta integral — mesmo constituindo um patrimônio. Ele pode eventualmente se valorizar, mas é preciso lembrar que ele também tem custos de manutenção — que podem ser bem altos — e sofre depreciação com o passar do tempo.

É nessa hora que entra a principal conta que você deve fazer para saber se realmente vale a pena o sacrifício para sair do aluguel e ter uma casa própria. O negócio, aqui, é comparar a taxa de aluguel com a taxa de financiamento e descobrir qual é mais vantajosa. Mas atenção: essa conta precisa ser renovada de tempos em tempos. As condições de mercado mudam constantemente, os aluguéis perdem valor, os imóveis ficam mais caros ou mais baratos — não existem verdades absolutas, lembra? São essas variações que devem orientar a melhor decisão.

Vamos usar um exemplo para entender melhor como funciona essa comparação.

Suponhamos que um amigo nosso, vamos chamá-lo de Daniel, queira comprar um apartamento de R$ 400.000,00 na cidade de São Paulo.

A forma de pagamento proposta consiste em 20% de entrada (R$ 80.000,00) e parcelamento em 360 meses (30 anos).

Pelas regras vigentes no mercado de crédito imobiliário, Daniel teria de pagar, aproximadamente, R$ 2.600,00 por mês pelo seu belo imóvel. No mesmo andar, existe um apartamento idêntico ao dele. Comprado à vista, está sendo oferecido para aluguel por R$ 1.600,00 por mês.

A possibilidade é remota, mas vamos supor que Daniel alugue o imóvel vizinho e more nele pelos mesmos 30 anos do prazo de financiamento. Ele vai economizar nesse período R$ 1.000,00 por mês (a diferença entre o aluguel que vai pagar e a prestação, caso opte por comprar). A economia vai ser, portanto, de R$ 360.000,00 em 30 anos (30 anos vezes 12 meses vezes R$ 1.000,00), em valores de hoje, sem contar os juros e a correção monetária. Mas Daniel não seria o dono do imóvel e, mais cedo ou mais tarde, teria de desocupá-lo.

$$30 \times 12 = 360$$

$$1.000{,}00 \times 360 = R\$\ 360.000{,}00$$

$$360.000 \times \text{Investimentos} = R\$\ 1.500.000{,}00$$

Caso investisse em alguma aplicação conservadora — ou seja, de baixo risco — os R$ 80.000,00 destinados à entrada e mensalmente incluísse no investimento os R$ 1.000,00 que deixou de gastar com a prestação ao optar pelo aluguel, ele conseguiria nos mesmos 30 anos um saldo de aproximadamente R$ 1.500.000,00 em valores de hoje, sem falar na atualização pela inflação.

Se optasse pela compra, o seu imóvel de R$ 400.000,00 iria lhe custar, a preços de hoje, mais de R$ 1.000.000,00, sem contar a inflação, ao longo de 30 anos (R$ 80.000,00 mais 360 prestações de R$ 2.600,00 — o que dá R$ 936.000,00 — somam R$ 1.016.000,00). Em vez de gastar todo esse dinheiro, ele teria acrescido R$ 1.420.000,00 aos R$ 80.000,00 que já tinha aplicado na entrada, além da diferença do aluguel no mercado financeiro. Apesar do gasto de R$ 576.000,00 com o aluguel (R$ 1.600,00 por mês vezes 12 meses, vezes 30 anos), do ponto de vista financeiro, a locação acaba sendo um negócio muito melhor do que a compra.

Nesse caso, está claro que o aluguel é mais vantajoso para Daniel *neste momento*. Ele, obviamente, deve rever a sua decisão pelo menos uma vez por ano. Pode ser que, com o passar do tempo, o preço dos imóveis caia e ele consiga dinheiro suficiente para dar uma entrada maior e arcar com prestações menores ou por menos tempo, reorientando assim a sua escolha.

A casa própria (e a qualquer custo)

A melhor opção para Daniel, nas condições dadas, é alugar. Mesmo assim, ele pode, feitas as contas, tomar a decisão de adquirir o imóvel. Nesse caso, Daniel está colocando outras questões à frente do puramente racional, como a felicidade, por enquanto.

Como o nosso amigo já sabe que vai deixar de ganhar dinheiro com a sua opção, ele deve se planejar não só para quitar as prestações do imóvel, mas também para arcar com as demais despesas mensais, anuais ou esporádicas — basicamente, condomínio, IPTU e manutenção. São gastos que também podem recair sobre quem aluga, mas que com certeza afetam a vida do proprietário que mora no imóvel, está com ele vago ou não conseguiu repassar para o inquilino. E lembrar mais uma vez que, da mesma maneira que ocorre com um automóvel, o custo de manutenção de um imóvel tende a crescer com o passar do tempo.

Antes mesmo de assinar o contrato, o nosso amigo precisa verificar se o preço que está pagando pela tão sonhada casa própria é razoável. O comprador deve sempre pensar por que vai comprar um imóvel. Se é para a sua vida, para o caso de um dia dar tudo errado, ele precisa saber que, caso realmente dê tudo errado, não vai conseguir sustentar o padrão de um imóvel de alto valor. Por isso, também nesses casos vale a recomendação: se vai comprar, adquira um imóvel de um padrão ligeiramente inferior ao que você possa sustentar.

Caso você tenha uma queda no padrão de vida por qualquer razão, não terá problemas com ele. Será mais fácil manter um imóvel mais econômico do que um mais caro. Quando se está mal das pernas financeiramente, é muito mais seguro viver em um imóvel de 50 ou 60 metros quadrados do que em um de 200. O custo é bem menor.

Fique sempre atento à seguinte pergunta: quanto custa efetivamente o imóvel? O valor do imóvel não é aquele que a construtora, a incorporadora ou o corretor de imóveis diz para você. Além do preço pago, o comprador deve se preocupar com mais 6% de taxas (ou seja, R$ 60,00 a cada R$ 1.000,00 do preço de negociação). A compra de imóveis novos também proporciona despesas com acabamento, o que nem sempre está previsto no custo da construção ou então tem de ser pago à parte. Se o imóvel é usado, geralmente requer gastos com reformas. Alguns custos na compra de uma casa ou um apartamento, você pode nem suspeitar que existam. Por exemplo: quando você compra um imóvel de uma grande construtora ou incorporadora, está pagando pelo custo de publicidade e venda do empreendimento. Essas empresas gastam uma fortuna com corretores disponíveis 24 horas, homens-placa, produção, impressão e distribuição de fôlderes, propaganda em jornal, em revista e até em televisão com artista famoso ou a celebridade do momento. Não se iluda: todo esse custo está embutido no preço do metro quadrado pago pelo comprador.

Muitas vezes, as vendas não correspondem às expectativas, e o que a empresa faz? Oferece desconto. Como já disse há pouco, o desconto nada mais é do que um ajuste da expectativa. A empresa tenta vender pelo máximo que consegue. Se não obtém êxito com o valor inicial, reduz o preço. Mas não quer dizer que esteja vendendo a preço de custo ou abaixo do custo, como muitas tentam fazer parecer. Você acha, de verdade, que ela está venderia com prejuízo?

O preço com desconto, em geral, já embute uma boa margem de lucro — são muito raros os casos de construtoras que vendem com prejuízo. Quem comprou antes normalmente fica furioso, porque pagou mais caro do que quem entrou na onda depois. Aliás, essa é uma das razões pelas quais os preços anunciados dificilmente baixam. A estratégia de oferecer descontos tem, entre outras finalidades, não mexer no preço cheio, "de tabela", e evitar problemas legais com os compradores que eventualmente tenham feito a aquisição antes do desconto. Eles podem requerer a devolução da diferença. De todo modo, em momentos de mercado imobiliário desaquecido, a venda pelo preço cheio é rara. O comprador sempre gosta de sentir que fez um bom negócio.

E o imóvel para locação?

Diante de todo esse quadro bem complexo, é preciso, então, verificar qual é a finalidade do bem. Caso você insista, por exemplo, em ter um imóvel para locação, também precisa calcular se vale realmente a pena. Se você mora no imóvel, não tem de pagar impostos sobre ele, a não ser os relacionados ao uso, como IPTU. Se é o locador, precisa recolher 15% de Imposto de Renda sobre o valor que recebe acima da faixa de isenção.

Podemos pensar que o aluguel, do ponto de vista de quem recebe, funciona como os juros de quem investe o dinheiro no imóvel. Se, em vez de comprar ou construir aquele imóvel para alugar, o proprietário investisse o dinheiro em uma aplicação rentável, receberia os juros por isso. Então, o aluguel que ele recebe faz o papel desses juros. O problema é que, no Brasil, a taxa de retorno da locação costuma ser bem inferior à de um investimento financeiro. Aí não vale a pena ter todas as despesas e preocupações que um imóvel gera para ganhar menos do que simplesmente deixar o dinheiro no banco, sem precisar fazer nada.

Vamos imaginar o caso de um imóvel de R$ 500.000,00 comprado à vista. Hipoteticamente, a valores de mercado, o aluguel desse imóvel é de R$ 2.500,00 por mês — uma taxa muito boa para os padrões do mercado brasileiro, porque representa 0,5% do valor do imóvel, enquanto, tradicionalmente, os aluguéis no Brasil dificilmente alcançam 0,4% desse valor. Para receber R$ 2.500,00 de aluguel por mês, você terá de pagar 15% de IR, ou seja, sobrarão para você R$ 2.125,00 líquidos. Se você conseguir em uma aplicação financeira 0,8% de rendimento líquido ao mês — já descontados impostos e taxas —, os mesmos R$ 500.000,00 que você usou para comprar o imóvel vão lhe render R$ 4.000,00 por mês. Em um ano, sem falar nos juros sobre os juros, você receberá R$ 22.500,00 a mais (4.000 - 2.125 = 1.875 × 12 = 22.500). Com os juros, o ganho anual será próximo de R$ 25.000,00.

Se a sua intenção fosse comprar o imóvel para morar, seria melhor alugar um igual e colocar o dinheiro da compra para render, como no exemplo do Daniel. Nesse caso, seria possível pagar o aluguel só com o rendimento do dinheiro aplicado. E ainda sobrariam R$ 1.500,00 por mês, que engordariam o valor inicial e ainda seriam acrescidos de juros todos os meses.

Caso a intenção seja ter o imóvel como fonte de renda, a vantagem de uma aplicação é ainda mais clara. Sem custos e sem preocupação de manter um imóvel, é possível ganhar 60% mais com o dinheiro aplicado. Com a capitalização do dinheiro — os juros pagos sobre o principal e os juros gerados nos meses anteriores —, em um ano, os R$ 500.000,00 se transformariam em R$ 550.169,35. Já com o aluguel, você ganharia R$ 30.000,00 — que, líquidos, depois do pagamento do Imposto de Renda, se transformariam em R$ 25.500,00 — e não teria os R$ 500.000,00 disponíveis. Uma diferença de mais de R$ 20.000,00.

Para chegar ao cálculo, você pode fazer uma conta simples: divida o valor mensal do aluguel pelo valor total do imóvel. Compare o resultado dessa conta e veja se o que o banco oferece não é maior do que o que você conseguiria com a locação. A dica vale também para imóveis comerciais, principalmente salas de escritório, produtos que, principalmente nas grandes cidades, são sempre oferecidos como uma boa "alternativa de investimento".

Em resumo:

$$\text{Taxa de aluguel} = \frac{\text{Aluguel}}{\text{Valor do imóvel}}$$

No nosso exemplo:

$$\text{Taxa de aluguel} = \frac{2.500}{500.000} = 0{,}5\% \text{ ao mês}$$

Por fim, o candidato a comprar um imóvel para locação tem de se preocupar com outros "detalhes". Um deles é a vacância, o período em que o imóvel fica sem inquilino e que, portanto, não rende nada — ao contrário, apenas gera despesas com conservação, IPTU e condomínio. Além disso, o primeiro aluguel pode ser inteiramente cedido à imobiliária como forma de remunerá-la pelos serviços que prestou na locação. Essa é uma prática bem comum no mercado brasileiro. Os corretores geralmente cobram pelo serviço de modo antecipado; caso ocorra algum problema com o inquilino, o dinheiro não é devolvido.

Isso sem falar na inadimplência. Se o inquilino não pagar, você terá um custo para tirá-lo do imóvel. Se o dinheiro que você investiu na compra estivesse no mercado financeiro, ele teria alguns mecanismos de defesa, como o fundo garantidor (veja como funciona no Passo 5, por exemplo). Só que não existe um fundo garantidor de aluguéis. Nesse mercado, as garantias são mais frágeis. Existem mecanismos como fiador, seguro-fiança, depósito em caução (garantia por um período de até três meses do valor da locação) etc., porém eles nunca cobrem todo o prazo do contrato nem ajudam a pagar as contas de uma eventual ação de despejo. Além disso, o corretor é muito pouco responsabilizado pelos problemas surgidos da locação.

No caso de imóveis comerciais, a ação de despejo é mais fácil e rápida; mas, quando se trata de domicílio, nem sempre é simples expulsar o mau pagador. Pode ser um pai ou uma mãe de família desempregado/a, com filhos para sustentar. Nesse caso, a justiça pode conceder a ele/a um prazo para se aprumar. O prejuízo — e o peso na consciência — fica para o dono do imóvel.

Então, antes de comprar um imóvel para morar ou alugar, faça as contas e se pergunte se vale mesmo a pena.

✓ Finalmente, a premissa nº 4.

4. Imóvel é um patrimônio seguro, para o caso de dar tudo errado

Novamente vale a reflexão: quem tem mais chances de comprar barato e vender caro um imóvel, você ou uma construtora, uma incorporadora ou um corretor especializado? Quem lida com isso diariamente é especialista, conhece todos os truques e manhas do mercado, sabe avaliar com muito mais precisão o que ocorre nesse universo. Você, por mais que se informe, se não se tornar um profissional do ramo com muitos anos de experiência, nunca terá o mesmo *know-how*.

Além disso, imóveis têm baixa liquidez. Isso quer dizer que não é fácil transformá-los em dinheiro. Se você precisar vender rapidamente o seu imóvel por uma razão qualquer — um tratamento de saúde caro demais, não coberto pelo seu plano, ou um divórcio repentino que necessite da imediata divisão dos bens —, terá muita dificuldade em encontrar comprador a preço justo em pouco tempo. Se os profissionais do ramo farejarem a possibilidade de você estar desesperado para fazer negócio, com certeza forçarão a queda do preço. No caso, o bom negócio fica sendo apenas para eles.

Então, nem o imóvel mantém o valor do dinheiro atualizado, como já disse anteriormente, devido à desvalorização, nem serve como reserva de valor para uso imediato, devido à dificuldade em transformá-lo em dinheiro de forma rápida e sem grandes perdas de valor. Em outras palavras, não funciona como seguro. Caso tudo dê errado, ser obrigado a vender um imóvel às pressas pode só piorar as coisas.

A FELICIDADE QUE O ALUGUEL PROPORCIONA: MORAR PERTO DO TRABALHO

Uma forma interessante de economizar é morar perto do trabalho. De preferência, perto o suficiente para dispensar o carro e, se possível, também o transporte público. Uma pesquisa do Movimento Nossa São Paulo publicada em setembro de 2015 mostra que o paulistano perde em média 2 horas e 38 minutos por dia nos deslocamentos entre o domicílio e o emprego. Entre os que usam carro todos os dias, esse tempo é de 2 horas e 48 minutos. Outros estudos internacionais, como da empresa holandesa de mapas TomTom, indicam que a situação é parecida e até pior em cidades como Rio de Janeiro, Salvador e Recife.

A opção de morar perto do trabalho é ainda mais válida para quem paga aluguel. Pode ser que o valor a pagar seja superior ao que você despende mensalmente morando um pouco mais longe; imóveis mais próximos de centros comerciais costumam ser mais caros. Entretanto, a economia com a redução do uso do carro e do tempo de trajeto e a comodidade podem compensar. O que você prefere: economizar R$ 300,00 ou R$ 500,00 ou uma ou duas horas por dia?

Se você dá valor ao tempo, à tranquilidade e à bênção que é sair do trabalho e chegar em casa em poucos minutos, procure um imóvel nas imediações da sua empresa.

Pesquise um imóvel que o atraia e confira quanto vai lhe custar. Depois, faça as contas do quanto você gasta hoje com transporte. Se a proximidade do novo imóvel permitir almoçar em casa, coloque na conta também o quanto você gasta para se alimentar no trabalho e verifique se vale ou não a pena, no vencimento do seu contrato imobiliário, preparar a mudança.

Se você mora em casa ou apartamento próprio, talvez não valha a pena enfrentar toda a burocracia e o desgaste do processo de vender o seu imóvel para comprar outro perto do trabalho. Nada o impede de fazer isso, mas talvez não seja prático, nem fácil, nem rápido. Pense bem. Como você tem notado, parte do processo de ser racional em relação às escolhas financeiras envolve fazer as contas e verificar o que é mais vantajoso. No entanto, pense nas vantagens não só pelo resultado financeiro. Embora este seja um livro sobre finanças pessoais e eu esteja o tempo todo tentando fazer você gastar o mínimo e rentabilizar ao máximo o seu dinheiro, esse é um daqueles casos em que você deve avaliar se vale a pena pagar um pouco a mais pelo

seu descanso, tranquilidade e — por que não dizer? — felicidade. Cuidado: você gostaria de morar na região onde está a empresa para o qual trabalha? Aliás, você pretende ficar muito tempo nesse emprego?

Uma solução é alugar um imóvel e colocar o seu para locação. É uma alternativa que precisa de muita análise antes de ser adotada. Claro que não é simples nem fácil fazer isso. Nem é simples ou fácil conciliar prazos e condições da locação do imóvel que lhe pertence com a aquisição ou aluguel de um imóvel para você morar. Mas você pode fazer isso colocando tudo na ponta do lápis — ou, melhor ainda, em uma planilha — e descobrindo o que é mais vantajoso. Lembrando, mais uma vez, que, às vezes, pagar pelo conforto, segurança, tranquilidade e, principalmente, tempo que você vai economizar pode ser um bom negócio. Nesse caso, é você quem vai dizer se vale ou não a pena, e não o resultado final dos seus cálculos.

Se você pretende alugar o seu imóvel para morar em outro, pagando também aluguel, procure fazer de um jeito que o dinheiro que você já recebe seja suficiente para cobrir o que terá de pagar. Se isso ocorrer, você não terá gastos. Eu quero dizer que, caso pretenda cobrir o aluguel pago com o aluguel recebido, lembre-se apenas de dispor do dinheiro sempre para pagar a sua conta, independentemente do que venha receber do seu eventual inquilino. Ele pode ficar inadimplente ou deixar o imóvel — e, com isso, você pode passar um tempo sem a renda do aluguel.

Resumindo, na hora de colocar essa mudança na ponta do lápis, conte apenas com o seu salário; ele é a sua fonte de receita mais certa e segura.

Nunca deixe de ter em mente a principal vantagem de morar perto do trabalho: você pode deixar o carro na garagem ou, melhor ainda, pode até deixar de ter carro.

Um casal com dois carros pode facilmente ficar com um só, reduzindo as despesas. Você pode até ficar com a sensação de empobrecimento, mas, na verdade, vai economizar — e muito. Você pega o dinheiro da venda do automóvel e coloca em uma aplicação rentável. Aos poucos, o dinheiro vai se multiplicando. Se estivesse parado na garagem na forma de um carro, ele estaria, ao contrário, perdendo valor com a depreciação do veículo e os gastos com manutenção. Não custa repetir: carro tem custo de manutenção, mesmo parado. Essa situação tem mais uma vantagem: você pode vender o carro sem pressa, para obter um bom preço por ele. Se ficar sem carro nenhum, ainda tem a opção de alugar um quando quiser viajar, como já expliquei anteriormente.

Como alternativa, você pode, sempre que precisar, usar transporte público, táxi ou serviços de aplicativos nos deslocamentos pela cidade. Suponha que você vai ao cinema no sábado à tarde e depois vai jantar fora ou encontrar os amigos em um bar. Pode ir de ônibus ou metrô e voltar de táxi. Se a distância não for exagerada, sairá mais barato do que manter um carro. Mais uma vez, é uma questão de fazer as contas.

Claro que você deve pensar — e pesar — também o fato de que pode não ficar no mesmo emprego por muito tempo. Não faça nada precipitadamente. Caso deseje trocar de emprego em breve, talvez seja melhor esperar que a sua situação se defina antes de colocar o plano em prática.

Além das dificuldades operacionais, isso pode ser complicado para quem tem filhos, principalmente em idade escolar, ou é casado com alguém que trabalha em outra região da cidade. Um meio-termo pode ser a solução. Mas tenha em mente que a opção de morar perto do trabalho sempre traz, desde que o custo do aluguel seja condizente com o que você ganha, muitas vantagens, financeiras e não financeiras. Além de gastar menos, você consegue mais tempo para dedicar a si mesmo e à família.

Morar nas áreas centrais das grandes cidades está voltando a ser algo interessante em todo o mundo. No Brasil, não é diferente. O Rio de Janeiro revitalizou boa parte da sua área central, antes degradada, para os Jogos Olímpicos Rio 2016. Em São Paulo, a década de 2010 vem sendo marcada pela crescente ocupação da região central, depois de um amplo processo de esvaziamento iniciado por volta dos anos 1970.

A volta ao centro tem razões econômicas e demográficas. As famílias estão ficando menores, a necessidade de ganhar tempo nos deslocamentos é cada vez mais imperiosa. As regiões centrais das metrópoles são bem servidas de infraestrutura e segurança, estão perto de tudo e favorecem morar perto do trabalho. Em geral, têm oferta generosa de transporte público com melhor qualidade do que nas áreas mais afastadas. Por todos esses fatores, nos últimos anos, jovens e casais sem filhos ou com poucos filhos se tornaram os principais interessados em ocupar essa região na cidade de São Paulo, como constatou pesquisa do IBGE.[18]

As empresas perceberam isso e estão ampliando a oferta de produtos e serviços. Na capital paulista, tem crescido a oferta de imóveis residenciais — principalmente de apartamentos compactos, destinados ao público jovem ou solteiro. Restaurantes, casas de espetáculo e outras oportunidades de lazer estão cada vez mais presentes no cotidiano de quem vive no centro.

18 HIRATA, Taís. "Centro volta a atrair moradores com prédios para jovens". *Folha de S. Paulo*, Especial Morar, São Paulo, 13 set. 2015. Disponível em: <http://especial.folha.uol.com.br/2015/morar/centro-paulista/2015/09/1693671-centro-volta-a-atrair-moradores-com-predios-para-jovens.shtml>. Acesso em: 03 jan. 2017.

SEGURO: UMA SAÍDA — MAIS RACIONAL — PARA QUANDO AS COISAS DÃO ERRADO

Imagine um futuro radiante em que você, junto com a família, vai poder desfrutar de tudo o que conquistou ao longo da vida graças ao seu trabalho e aos seus investimentos. Agora, imagine esse futuro sem você. É mórbido, eu sei, mas não deixa de ser uma possibilidade.

Pode até ser duro pensar nisso, mas é preciso. Um golpe do destino tem o poder de jogar por terra tudo o que você planejou. Se você tiver família que dependa do seu dinheiro, mesmo que parcialmente, ela será vítima também.

Depois de mostrar os riscos de se comprometer com uma dívida por um tempo longo demais em nome de uma falsa segurança, chegou a hora de lhe indicar uma possível saída para o dilema que acomete a todos os que pensam no futuro e planejam com responsabilidade uma vida financeira mais segura para si e seus dependentes. Essa saída tem um nome muito sugestivo: seguro.

É possível evitar os golpes do destino? Nem sempre. Pode-se ser prudente nas situações arriscadas da vida, mas nem todos os cuidados asseguram 100% de tranquilidade. Não há como garantir que nada nos ocorrerá, até porque não temos controle sobre quase nada. Você pode não praticar nenhum esporte radical, pode dirigir com extrema cautela, pode, enfim, responder pelos cuidados que toma no seu dia a dia, mas, mesmo assim, não tem o poder de responder pela prudência das outras pessoas (ou a falta dela), por algum problema das ruas, pela violência das cidades.

É possível evitar que os golpes do destino sejam cruéis demais com os nossos herdeiros? Isso, sim. O seguro de vida é o instrumento financeiro que pode garantir que os seus familiares desfrutem, pelo menos parcialmente, das conquistas que você programou. Nós, brasileiros, estamos pouco acostumados ao seguro de vida. Conhecemos melhor o seguro do carro. Alguns fazem seguro da casa, mas pouca gente se preocupa em assinar um contrato de seguro de vida. As estatísticas indicam que apenas 2,2% dos brasileiros possuem uma apólice desse tipo.[19] Na média dos países ricos, esse número gira em torno de 10%. Ou seja, proporcionalmente, nos países desenvolvidos, o número de contratantes de apólices de seguro de vida é quase cinco vezes maior.

Existem duas razões para que esse número seja assim tão baixo no Brasil. A primeira é porque o seguro de vida por aqui ainda é um produto financeiro caro. A segunda é porque, como vivemos em um país de renda baixa para média, a prioridade das pessoas não é assegurar os seus bens — até porque elas, na média, têm muito pouco. Para a grande maioria a prioridade em matéria de consumo é se alimentar e possuir uma moradia, de preferência própria. Depois, se vestir e ter algum lazer. Em seguida, comprar eletrodomésticos e produtos eletrônicos. Por fim, o carro. O seguro só tem algum interesse para quem já conquistou tudo isso.

Só quando já conquistou um bom número de bens de consumo, principalmente os duráveis — o carro, a motocicleta, a televisão de tela grande, o computador e outros itens eletrônicos —, é que você vai se preocupar em gastar mais com o setor de serviços, que é onde se encontram as apólices de seguro. O brasileiro médio ainda está se iniciando nesse padrão de consumo. Mas, se você já conquistou alguns bens na sua vida e ainda não consolidou completamente o seu patrimônio, deve pensar sobre o assunto.

19 Fonte: Confederação Nacional das Empresas de Seguros Gerais, Previdência Privada e Vida, Saúde Suplementar e Capitalização (CNseg).

E, claro, deve fazer com que o custo do seguro caiba no seu orçamento. É preciso que o valor gasto com a apólice esteja previsto nas despesas mensais sem sacrificar demais o entretenimento nem comprometer o investimento.

Quando falo de patrimônio consolidado, estou me referindo a investimentos e bens suficientes para assegurar um bom padrão de vida aos dependentes — que podem ou não ser descendentes. Nesse caso, é possível dispensar a apólice de seguro de vida sem peso na consciência, porque o patrimônio em si já sustenta a família.

O seguro de vida funciona mais ou menos como o seguro de automóvel. Você paga determinado valor para uma cobertura por determinado período — o prazo normal de validade de uma apólice é de um ano, mas algumas apólices, pagas mensalmente, têm caráter permanente. Você precisa entrar em contato com o banco ou a seguradora para encerrar a apólice e deixar de pagá-la.

O valor pago pela apólice de seguro varia conforme o risco. Carros mais sujeitos a roubo (pelo modelo ou pelo local em que trafegam) ou dirigidos por motoristas estatisticamente mais sujeitos a se envolver em acidentes (homens jovens, principalmente) pagam valores de seguro mais elevados. Mulheres mais próximas da meia-idade, consideradas motoristas mais prudentes, pagam menos. Da mesma forma, pessoas com maior probabilidade de morrer ou sofrer acidentes pagam valores mais altos nas suas apólices de seguro de vida — sobretudo idosos e pessoas que atuam em profissões tidas como perigosas. Faz toda a diferença no preço do seguro se você é piloto de avião, motoboy ou se trabalha em um escritório.

Estatisticamente, homens até 29 anos estão mais expostos à violência e a acidentes de trânsito. Têm, portanto, maior risco de morrer ou de apresentar invalidez temporária ou permanente — situação que muitos seguros também cobrem. Não é por outra razão que as mulheres pagam menos também nos seguros de vida. Como regra geral, a mortalidade feminina é mais tardia. Portanto, o risco para a seguradora é mais baixo e se reflete em preços também menores.

As seguradoras chamam o preço do seguro de prêmio. É um jargão da atividade, mas pode passar ao consumidor desavisado uma impressão errada. O nome sugere que você está ganhando algo, quando na verdade está apenas pagando para ter o direito de uma indenização — para você ou alguém que seja seu beneficiário — caso algo lhe ocorra.

Mas, afinal, para que serve um seguro de vida? Serve para compensar financeiramente alguém por uma perda prevista na apólice. Pode ser a morte ou a invalidez do titular do contrato de seguro. A lógica da indenização, no caso do seguro de vida, é permitir a sobrevivência e até o padrão de vida dos beneficiários, as pessoas que recebem o valor de ressarcimento previsto no seguro.

Fica fácil de entender quando se pensa em um pai ou uma mãe de família. Eles começam a trabalhar e investir (poupar) para aumentar o seu patrimônio, ter uma aposentadoria tranquila e ainda deixar um legado financeiro razoável para os herdeiros. Aí, algo acontece.

Vamos supor que esse pai ou essa mãe sofra um acidente ou um infarto e morra na flor da idade. Ele ou ela não viveu o suficiente para consolidar um patrimônio capaz de proporcionar uma vida razoavelmente tranquila aos herdeiros. Os filhos ainda são pequenos, muito dependentes de um provedor. Por mais que o cônjuge trabalhe, o dinheiro dele ou dela pode não ser suficiente para manter o padrão de vida da família. É aí que o seguro desempenha o seu papel.

A indenização serve para cobrir a diferença entre o que se tinha e o que ficou. Ou seja, serve para manter pelo menos parcialmente o padrão de vida e assegurar que os filhos possam estudar sem maiores preocupações até o momento em que estejam aptos a trabalhar e se autossustentar.

Por isso, ao fazer uma apólice de seguro de vida, o contratante ou titular da apólice, a pessoa que paga o seguro, deve pensar no tamanho da indenização que pretende deixar. Ela pode ser calculada com base no padrão de vida atual — nos gastos mensais da família —, multiplicado pelo tempo pelo qual se imagina que aquele dinheiro será necessário.

Vamos supor que o segurado tenha apenas um filho, de 8 anos de idade. Calculando que os gastos sejam, digamos, de R$ 2.000,00 por mês, o segurado deve fazer um seguro que garanta essa mesma quantia até os 24 ou 25 anos, que seria a idade em que o filho já estaria em condições de se sustentar sozinho. Nesse caso, a indenização teria de ser de cerca de R$ 600.000,00. O dinheiro recebido precisa ser então aplicado — e bem aplicado, para permitir que aqueles R$ 2.000,00 estejam disponíveis todo mês e se mantenham atualizados, independentemente da inflação.

Se o contratante souber mais ou menos o tamanho da indenização de que precisa, o corretor poderá fazer os cálculos de quanto ele terá de pagar de seguro. Apenas para ter uma ideia, um segurado de 35 anos com saúde em boas condições e profissão de risco moderado paga entre R$ 30,00 e R$ 50,00 por mês para ter direito a uma indenização de R$ 100.000,00.

Veja bem: o seguro de vida é mais caro para as faixas mais jovens, que correm mais riscos, depois dá uma amenizada, mas volta a ficar mais alto para aqueles na fase da vida que conhecemos como terceira idade. É óbvio que uma pessoa com 70 anos tem maior probabilidade de morrer, ficar doente ou inválida do que uma de 50, 40 ou 30. Então, a lógica financeira manda pensar no seguro enquanto se é jovem. No caso de alguém mais velho, além de o preço ficar muito elevado, o titular já deve ter formado o seu patrimônio a ponto de que ele e os herdeiros não dependam mais da indenização para assegurar um padrão de vida minimamente parecido com o que havia antes. Assim, ele pode deixar de fazer o seguro, ou pode contratar uma apólice que preveja uma cobertura menor. Afinal, seguro é um serviço que a gente compra com a intenção de não usar jamais.

Existem algumas modalidades de seguro de vida que pagam indenização não só por morte, mas também, como eu já disse, por invalidez e até por doença grave ou crônica. Em casos de diagnóstico de doenças consideradas graves, a seguradora já prepara a indenização. Só que, para isso, o seguro tem de estar previamente contratado. Se o dono da apólice descobrir que tem uma doença degenerativa ou grave e tentar contratar uma apólice dessas, provavelmente terá o pedido rejeitado por todas as seguradoras. Da mesma forma que a intenção do consumidor é não usar o seguro, a da seguradora é não pagar a indenização. Normalmente, a cobertura a essas doenças está prevista no contrato.

Outra vantagem importante dos seguros de vida é que o pagamento das indenizações é liberado de forma relativamente rápida. Em poucos dias — no máximo 15 ou 20 — depois do "sinistro", ou seja, do acontecimento que deu origem à indenização, o dinheiro é liberado aos beneficiários.

Vale a pena ter um seguro de vida?

Uma das dúvidas que costumam pairar sobre a cabeça do consumidor é: vale a pena ter um seguro de vida? Seguradoras, bancos e corretores têm sempre um argumento na ponta da língua para demonstrar as vantagens de se contratar uma apólice: você paga uma pequena quantia por mês, e, caso morra precocemente, a sua família recebe uma bolada e fica tranquila.

Será?

Em primeiro lugar, você deve se perguntar se essa bolada é realmente suficiente para assegurar a tranquilidade da família. Vamos supor que os seus gastos anuais sejam da ordem de R$ 100.000,00. Por mais que os seus parentes economizem depois da sua eventual morte, um seguro de R$ 100.000,00 não permitirá a eles viver com tranquilidade por muito tempo, principalmente se não houver outra fonte de renda disponível.

Isso quer dizer que, para assegurar a tranquilidade de fato, será preciso fazer um seguro que cubra as despesas de família por vários anos, pelo menos até que os filhos, caso haja, se formem e tenham condições de trabalhar, como eu já disse. Um seguro com esse perfil pode ficar caro demais. Por isso, antes de contratar uma apólice, é recomendável fazer simulações junto com o vendedor de seguros para saber quanto seria possível receber de indenização. Sabendo o valor a receber, você tem uma ideia do tempo que aquele dinheiro pode durar.

Lembre-se: o dinheiro da indenização vai durar tanto mais tempo quanto mais os seus dependentes estiverem preparados para lidar com ele. Se, além do seguro, você oferecer a eles alguma orientação financeira, eles muito provavelmente farão melhor proveito daquilo que você deixar.

Aproveite a oportunidade para orientar a sua família sobre como proceder com o dinheiro. Ensine aos seus dependentes como investir o dinheiro para multiplicá-lo. A partir dos 5 anos de idade, mais ou menos, as crianças já podem ter as primeiras noções de educação financeira. Quando forem um pouco mais velhas, você pode mostrar como controlar os gastos, como consumir com responsabilidade e como poupar para o futuro. Quanto mais cedo a criança aprende, com maior naturalidade ela lida com o dinheiro, ficando menos sujeita às armadilhas da vida financeira e ao uso pouco racional dos recursos de que dispõe. De quebra, um jovem bem orientado tem mais facilidade de lidar com o patrimônio da família ou com uma indenização de seguro, caso algo venha a ocorrer. Esperando-se que os filhos não tenham de passar por isso, a educação financeira vai servir para que eles aproveitem a vida melhor ainda, ao seu lado, construindo junto com você um futuro mais próspero, feliz e equilibrado.

Outro ponto: o seguro só vale a pena se você tem dependentes. Se você não tem filhos nem ninguém que precise sustentar, fazer seguro equivale exatamente a jogar dinheiro fora. A partir do momento que os dependentes passam a se sustentar por conta própria, o seguro também deixa de fazer sentido.

Uma alternativa, nesses casos, é fazer uma reserva ou um seguro para o caso de invalidez, que você pode usar se perder a capacidade de trabalhar. Esse seguro não precisa cobrir todas as suas despesas para o resto da vida, porque você provavelmente terá alguma renda oriunda da previdência social, de um fundo de previdência privada — ou de ambos — e até mesmo dos investimentos que fez anteriormente. Mas, como esse dinheiro pode ser pouco, uma indenização por invalidez bem aplicada no mercado financeiro serve não só para completar a renda mensal como também facilita a aquisição de bens e serviços para melhorar a sua qualidade de vida. Sabemos que uma pessoa com restrições de mobilidade demanda uma série de aparelhos e equipamentos para facilitar o seu cotidiano. O dinheiro da indenização ajuda a adquirir esses equipamentos e até a promover uma reforma na casa, para adaptá-la às novas necessidades do proprietário.

Você pode também fazer seguros de vida específicos, para cobrir parcialmente um período ou uma atividade. Nesse caso, se enquadram os seguros-viagem, que asseguram indenização caso dê tudo errado nos seus deslocamentos a passeio ou a trabalho — principalmente em viagens de longa distância, em especial para o exterior. Uma curiosidade é que o custo das apólices de seguro-viagem, embora seja de baixo valor unitário, é proporcionalmente muito alto em relação às probabilidades de algo dar errado. Muitos cartões de crédito trazem embutido o serviço de seguro-viagem. Por não saber disso, muitas pessoas acabam pagando duas vezes pelo serviço: no cartão e na contratação de uma apólice na hora de viajar.

Estatisticamente, a probabilidade de um acidente aéreo com morte de todos os ocupantes da aeronave é de apenas 0,00005%. Acredite, é uma possibilidade muito remota. Mesmo assim, os seguros-viagem para transporte aéreo cobram em média R$ 40,00 do passageiro e oferecem uma indenização máxima de R$ 20.000,00. Em uma passagem de R$ 400,00, o seguro representa 10% adicionais no preço.

Nessas condições, bastaria a seguradora cobrar um centavo (isso mesmo: R$ 0,01) de cada passageiro para cobrir o valor da indenização. Ao cobrar R$ 40,00, a seguradora inflaciona a apólice em 4 mil vezes. Ou seja, o preço pago pelo seguro é 4 mil vezes (ou 399.900%) acima do valor que ele custa. Em termos absolutos, o valor pago pode ser considerado baixo. Em termos relativos, ou seja, proporcionalmente, é um preço elevadíssimo.

De todo modo, seja para um seguro de vida ou por invalidez, a regra de ouro é pesquisar muito para encontrar o melhor custo-benefício. No seguro-viagem, isso fica mais difícil porque em geral o benefício está atrelado à compra da passagem. Mas nada impede que você procure a sua seguradora e tente contratar uma apólice à parte.

Seguro para quando tudo — realmente — der errado

Além do seguro de vida e do seguro patrimonial (do carro e da casa, por exemplo), um seguro que não custa muito e pode ser muito útil é o seguro-funeral. Em primeiro lugar, porque a morte pode apanhar a família em um momento delicado. Se ela atingir um dos chefes da casa, o pai ou a mãe, por exemplo, o risco de o cônjuge e os filhos não terem condições imediatas de arcar com as despesas funerárias é grande. Além disso, esse tipo de seguro disponibiliza profissionais acostumados a lidar com essas situações que providenciam toda a burocracia em um momento no qual a maioria das pessoas não tem cabeça para resolver problemas.

Com exceção dos automóveis, em que o seguro pode valer até 10% do bem, as apólices para coberturas patrimoniais também costumam ser bem vantajosas, principalmente os seguros de imóveis. Para segurar a sua casa ou o seu apartamento contra incêndio, desabamento e roubo de todos os bens que estão dentro dela, você gasta um valor insignificante em comparação com o preço do imóvel e dos bens existentes dentro dele. Em geral, o custo anual é de menos de 1% do valor total.

Existem ainda algumas modalidades de seguro de vida que funcionam como acumulação de patrimônio. Além da cobertura, é possível resgatar uma parte do valor ao final do contrato — em geral de longo prazo.

Para não herdar dívidas

Vale a pena conhecer também o seguro prestamista, que é a apólice que cobre dívidas quando o titular morre ou fica impossibilitado de pagar. Os financiamentos imobiliários, por exemplo, têm obrigatoriamente um seguro embutido. Como são financiamentos de prazo muito longo, o agente financeiro se assegura de que vai receber o dinheiro de volta caso o titular venha a morrer. O que é bom também para os herdeiros, que não vão ter de se preocupar em pagar pelo imóvel nem vão ser obrigados a sair dele de uma hora para outra.

Muitas vezes, quando você realiza uma compra a prazo, a própria loja, banco ou financeira que está por trás do empréstimo oferece um seguro prestamista. Se você dispõe de uma reserva sólida, o provável é que jamais precise de um seguro assim. Mas considere fazer um quando a reserva for baixa e o prazo de financiamento, longo. O seguro prestamista é mais importante quanto mais longo for o pagamento do empréstimo.

Resumindo:

1. Faça seguro de vida até ter patrimônio suficiente, caso tenha dependentes.
2. Seguros-viagem valem a pena, embora sejam inflacionados. Pesquise na internet e veja na operadora que vendeu as passagens e o pacote.
3. Não se esqueça de ver se o seu cartão de crédito tem seguros inclusos. Se tiver seguro-viagem, por exemplo, é preciso ligar para a operadora antes de uma viagem e informá-la sobre essa viagem.
4. Há seguros com apólices com coberturas menores — e mais baratas. Avalie antes de contratar.

TÍTULOS DE CAPITALIZAÇÃO: UMA FORMA ENGENHOSA DE PERDER DINHEIRO

Normalmente, títulos de capitalização são como dinheiro guardado sob o colchão: você tem a sensação de que está poupando, mas na verdade está perdendo dinheiro. Isso porque essas duas modalidades têm rendimento zero e perdem para a inflação. Em outras palavras, em termos reais, você retira menos dinheiro do que colocou.

As regras desse tipo de negócio — me recuso a chamar de aplicação — determinam que o aplicador tem o direito de receber de volta o valor investido com correção de 0,5% ao mês mais a Taxa Referencial (TR). Na prática, o banco monta uma fórmula cujo resultado final é zero de correção. A única vantagem possível é ser sorteado e ganhar o prêmio. Mas as possibilidades de isso ocorrer são remotas. Eu diria até que são insignificantes.

Em uma simulação, é possível, por exemplo, concluir que até a poupança, um instrumento precário que quase sempre perde da inflação — menos quando esta está muito baixa —, é uma alternativa muito melhor. Se você depositar R$ 720,00 ao longo de quatro anos na caderneta de poupança, terá quase 13% de rendimento e sacará pouco mais de R$ 810,00.[20] No título de capitalização, esse saque será de R$ 720,00. O mesmo valor que você depositou, sem correção nenhuma. Como sempre há inflação, só por não ter ocorrido a correção, você perdeu dinheiro. Confira:

20 Situação em julho de 2015.

TÍTULO DE CAPITALIZAÇÃO *VERSUS* POUPANÇA

	APLICAÇÃO DE R$ 15,00 MENSAIS PELO PRAZO DE 48 MESES	
	TÍTULO ITAÚ PIC 48	POUPANÇA
Valor aplicado	R$ 720	R$ 720
Valor resgatado	R$ 720 (zero)	R$ 811,47 (+12,7%)
	APLICAÇÃO DE R$ 20,00 MENSAIS PELO PRAZO DE 60 MESES	
	TÍTULO BRADESCO 20	POUPANÇA
Valor aplicado	R$ 1.200	R$ 1.200
Valor resgatado	R$ 1.200 (zero)	R$ 1.395,40 (+16,28%)

Por que isso ocorre? Porque nem todo o valor depositado (no caso dessa simulação, R$ 15,00 por mês) é destinado ao título. A parte excluída não é capitalizada. No caso do primeiro título, 1,74% do valor é separado para integrar a cota do sorteio. É como se você tirasse uma parte do seu dinheiro para comprar um bilhete de loteria. É o que você paga pelo direito de concorrer ao sorteio. Então, a cada R$ 15,00, você perde 26 centavos para o sorteio. Parece pouco. Não é. Mas fica ainda pior.

Outro pedaço, que pode variar de 3,89% a 88,26% — isso mesmo, 88,26%! — conforme o mês, serve para remunerar o banco pela "taxa de carregamento", que nada mais é do que uma taxa de administração, ou quanto o banco cobra para cuidar do seu dinheiro. Cuidar mal, diga-se de passagem. Com a tal taxa de carregamento, o banco carrega mais R$ 0,58 a R$ 13,24 a cada R$ 15,00 depositados. O que sobra, principalmente quando a taxa de carregamento está no seu valor mais elevado?

Resumindo, o que sobra para ser capitalizado é uma parte dos R$ 15,00, que pode variar de 10% (R$ 1,50) a 94,77% (R$ 14,22).

Uma observação importante: a taxa de carregamento normalmente é maior no começo, nos primeiros meses. E isso também ajuda a fazer diferença. Como o seu valor acumulado é baixo — e fica menor ainda com a taxa de administração mais gorda —, à medida que a capitalização (a aplicação de juros sobre juros mais o principal depositado) vai ocorrendo, o valor inicial é mais baixo do que poderia ser e, portanto, rende menos em termos nominais, o que afeta o resultado final da conta. Quando chega ao final do contrato, o retorno foi igual a zero.

Na segunda simulação, ocorre a mesmíssima coisa. O aplicador deposita R$ 1.200,00 ao longo de 60 meses, dos quais apenas R$ 1.395,40 vão para a capitalização. O resgate, novamente, dá R$ 1.200,00, o mesmo valor colocado, sem juro nem correção. Não é coincidência. O produto é preparado para dar retorno zero, mesmo. É por isso que só o banco sai ganhando. E é por isso que o gerente se apressa em oferecer títulos de capitalização. Ele está lá para cumprir ordens, fazer a rentabilidade do banco aumentar. Afinal, é o banco que paga o salário dele.

Aliás, é bom atentar para o seguinte ponto: quando o consumidor desiste do título antes do final do prazo, ele tem direito de sacar, mas está sujeito a algumas penalidades. As taxas aplicadas sobre esse saque antecipado proporcionam um rendimento proporcionalmente ainda menor. Em outras palavras, a perda é ainda maior.

Bem, ainda resta a possibilidade do sorteio. As chances dependem do número de participantes do título. Se forem 500 mil participantes, você estará concorrendo com todos eles. Então, a sua chance de ser sorteado a cada mês é uma em 500 mil. Vai arriscar a sorte?

PIRÂMIDES FINANCEIRAS: UMA BELA MANEIRA DE SEPULTAR OS SEUS TESOUROS

Você já jogou xadrez? O xadrez é um jogo de estratégia muito antigo. Existem várias histórias míticas sobre a sua criação. Não se sabe exatamente quando ele foi inventado, mas as referências mais antigas contam que variantes do jogo eram praticadas no Oriente em 1500 a.C. O xadrez teria sido inventado na China e chegado à Índia por volta do ano 6 a.C. É da Índia um dos mais curiosos mitos sobre a criação desse jogo.

Conta-se que o jovem brâmane Lahur Sessa apresentou o jogo ao rajá da região de Taligana. O rajá vivia entediado e melancólico — sofria daquilo que hoje chamaríamos de depressão. Habilidoso na arte de dizer coisas que as pessoas gostariam de ouvir, Sessa disse ao rajá que o jogo lhe daria conforto espiritual e curaria o seu estado d'alma. Aparentemente, funcionou.

Curado, Sua Alteza fez questão de fazer ao seu jovem guia um generoso agradecimento. E sugeriu que Sessa propusesse uma recompensa a si mesmo. O rapaz então pediu que o reino lhe concedesse um grão de trigo para a primeira casa do tabuleiro, o dobro para a segunda e assim sucessivamente, até a 64ª e última casa.

O rajá mandou que o desejo fosse atendido e se surpreendeu quando os sábios do reino, ao calcular o valor da recompensa, descobriram que toda a safra de trigo daquele ano não seria suficiente para honrar o pagamento. Pior: seriam necessárias muitas colheitas para atender o pedido. O resultado da conta supera a astronômica quantia de 18,4 quintilhões de grãos de trigo. Para se ter uma ideia, um quintilhão é representado pelo número um seguido por 18 zeros. Um número que não cabe no visor da maioria das calculadoras que você conhece.

Ainda que toda a história de Lahur Sessa seja falsa, o cálculo feito pelos sábios indianos é verdadeiro. E é ele que nos interessa. Justamente porque é o mesmo tipo de cálculo que deveria ser feito quando o assunto é pirâmide financeira.

No antigo Egito — e em várias outras culturas —, pirâmides eram grandes mausoléus. Serviam para sepultar o soberano — no caso do Egito, o faraó — e os tesouros deste, dos quais ele supostamente usufruiria depois de passar para o mundo dos mortos. Pirâmides financeiras são também uma espécie de túmulo. Um túmulo para o dinheiro de quem acredita que possa ganhar alguma coisa de forma fácil, rápida e indolor — ou seja, sem ter que trabalhar para isso.

Pirâmide financeira constitui uma forma fabulosa de perder dinheiro. É um mecanismo que, para funcionar, precisa de uma multiplicação geométrica — não de grãos de trigo, mas de participantes que alimentam o degrau de cima da pirâmide com dinheiro.

O esquema funciona mais ou menos assim: alguém tem uma ideia para um empreendimento qualquer e busca outras pessoas para financiar o projeto. Digamos que o idealizador consiga cinco pessoas que contribuam com R$ 100,00 cada e prometa devolver o valor investido se cada um dos cinco novos amigos também conseguir outros cinco dispostos a colaborar com mais R$ 100,00 cada.

A partir do terceiro degrau, quando os 25 indicados pelos cinco iniciais trouxerem mais cinco "colaboradores" — totalizando outros 125 —, o "em-

preendedor" paga mais R$ 100,00 para os cinco originais, restituindo o dobro do valor investido, e mais R$ 100,00 para os 25 do segundo degrau. Ao final dessa rodada, o empreendedor terá devolvido R$ 3.500,00 aos seus parceiros (R$ 200,00 para os cinco primeiros e R$ 100,00 para os 25 do segundo grupo) e terá embolsado R$ 12.000,00. Na rodada seguinte, já seriam necessárias 625 novas almas dispostas a colocar as suas economias no esquema.

Em dez rodadas, o número sobe para aproximadamente 9,8 milhões de pessoas—quase toda a população da cidade de São Paulo. Ou seja, em pouco tempo, o número de participantes necessário para que a engrenagem se mantenha em funcionamento supera largamente a população existente.

Pela progressão geométrica necessária, dobrando-se mais duas vezes o número de participantes da pirâmide original, a partir do décimo degrau, o conjunto de pessoas necessário para alimentar o esquema chega a 244 milhões. Ou seja, se a pirâmide se mantivesse em funcionamento por 12 rodadas, ultrapassaria em cerca de 20% o total da população brasileira. Trata-se de um esquema matematicamente inviável, assim como a remuneração solicitada por Lahur Sessa.

O esquema de pirâmide tornou-se mais conhecido por volta de 1920, quando o italiano Charles Ponzi, radicado nos Estados Unidos, atraiu milhares de incautos com a promessa de um "investimento" capaz de render 50% em apenas 45 dias pela troca de cupons postais de vários países por selos norte-americanos.

Quando o esquema ruiu, descobriu-se que o número de cupons necessários para fechar a conta era quase 6 mil vezes maior do que o total disponível no mercado. Desde então, a pirâmide financeira passou a ser conhecida também como Esquema de Ponzi. O prejuízo de quem perdeu dinheiro com a brincadeira superou, em valores de hoje, os US$ 200.000.000,00 (200 milhões). Ponzi foi preso nos Estados Unidos. Solto sob fiança, mudou-se para o Brasil, onde morreu pobre em 1949.

A maior parte dos esquemas de pirâmide funciona a partir de um produto ou um serviço sem valor de mercado. No Brasil, ficou muito conhecido o caso da Telexfree, que oferecia um sistema de voz capaz de realizar ligações via internet, como ocorre de forma gratuita, semelhante ao Skype. Nesse caso, a empresa tinha interesse em negociar não o "produto" em si, mas o direito de venda. Era a compra desses direitos que alimentava o esquema de pirâmide. A empresa passou a ser investigada no Brasil e nos Estados Unidos, mas entrou com pedido de recuperação judicial em território americano em 2014.

Algumas empresas tentam confundir a pirâmide financeira com o chamado marketing multinível ou marketing de relacionamento. Essa é uma prática muito comum no mundo todo. No Brasil, muitas empresas de cosméticos utilizam o marketing multinível como canal de vendas de forma legal.

Trata-se de uma variação do comércio porta a porta, em que uma pessoa sem vínculo empregatício com a empresa vende produtos entre os seus conhecidos e recebe uma comissão por isso. Eis a diferença fundamental entre o marketing de relacionamento e a pirâmide: o dinheiro que entra é oriundo de uma operação de venda ou prestação de serviços, não da taxa paga por "associados".

Atualmente, a lei exige a existência de um produto a ser comercializado ou a prestação de algum serviço. Por isso, as empresas que criam pirâmides financeiras são legalmente constituídas e até têm um produto. Mas nem sempre esse produto é "vendável". Em geral, quando ocorre o esquema de pirâmide, a entrada de dinheiro na empresa decorre mais da injeção de recursos de associados do que da venda de produtos nem sempre atrativos do ponto de vista comercial. Mesmo que obedeça às regras e tenha o produto para vender, a empresa que utiliza esse artifício pode ser enquadrada na legislação brasileira de crimes contra a economia popular.

Mundialmente, o caso mais famoso é o de Bernard Madoff, um gestor de recursos que atraía para o seu fundo de investimentos personalidades de Hollywood e até alguns dos maiores bancos do mundo, pagando retornos bastante altos. Denunciado pelos próprios filhos, que viam as finanças de Madoff minguar enquanto era obrigado a honrar o retorno dos clientes, o investidor foi investigado, preso e julgado. A justiça dos Estados Unidos o condenou, em 2009, a 150 anos de prisão por operação de esquema de pirâmide financeira.

Esquemas assim são criados por espertalhões que oferecem vantagens inexistentes e alimentados pela ganância de quem quer ganhar dinheiro fácil. O esquema de pirâmide é fácil de identificar por ter algumas características bem definidas: ganho alto, fácil, rápido e, geralmente, baseado em algo que não gera receita. O dinheiro vem da venda que um indivíduo faz para um grupo de pessoas que, por sua vez, precisarão de novos grupos para repassar a venda e, assim, alimentar o esquema, enquanto isso for possível.

Não existe nenhuma razão lógica para alguém oferecer ganhos fáceis aos outros. Então, se lhe oferecerem um negócio que pareça bom demais para ser verdade, muito provavelmente não é verdade. É possível que, ao contrário, estejam lhe contando alguma mentira muito grande. Possivelmente mais de uma. Se notar que o esquema tem qualquer semelhança com uma pirâmide financeira, fuja. Você pode até ter uma chance de ganhar, mas com certeza tem milhares de perder.

Como fugir da pirâmide?

Para saber se o investimento que lhe oferecem é ou não um esquema de pirâmide, verifique:

1. Existe um produto ou serviço a ser negociado, ou o movimento financeiro se dá pela atração de mais pessoas ao esquema?
2. O produto, caso exista, é competitivo? O preço cobrado por ele é aceitável na comparação com a concorrência?
3. O ganho oferecido é muito rápido e muito fácil? Se for, desconfie.

CONSÓRCIO: QUANDO VOCÊ PAGA JURO SOBRE O QUE É SEU

Famoso por dar soluções criativas a problemas do dia a dia, o brasileiro muitas vezes é visto como um sujeito que só é criativo mesmo para burlar normas e regras e está sempre arrumando uma maneira de tirar vantagens indevidas. Mas, no caso do consórcio, independentemente de essa modalidade de aquisição de bens ser ou não um bom negócio, o "jeitinho brasileiro" entrou em cena para resolver um problemão: a falta de financiamento para aquisição de alguns produtos, em especial o automóvel.

Com a instalação da indústria automobilística no país, entre o final da década de 1950 e o início da de 1960, não havia linhas de crédito para a venda dos primeiros veículos fabricados no Brasil. Trazido ao país para liderar uma nova fase de expansão econômica via industrialização, o automóvel era um bem caro — e, no Brasil, proporcionalmente, é muito caro até hoje. De que adiantaria produzir veículos aqui se os próprios brasileiros não poderiam comprá-los e a exportação ainda não era uma realidade?

Pensando nisso, em 1962, um grupo de funcionários do Banco do Brasil decidiu criar uma fórmula que permitisse que todos eles conseguissem adquirir os seus automóveis pagando um pouco por mês.[21] Assim foi feito. O grupo se dividiu em cotas, sendo uma cota para cada participante.

Durante determinado número de meses, cada participante depositava, num fundo constituído pelos próprios colegas, uma fração do valor do veículo que desejava adquirir. O valor da fração equivalia ao preço total do carro dividido pelo número de meses pelo qual o grupo formaria o

21 Fonte: Associação Brasileira das Administradoras de Consórcios (Abac).

fundo. O número de meses, por sua vez, equivalia ao de participantes, de modo que, a cada mês, o grupo juntasse dinheiro suficiente para um carro e todos fossem atendidos até a última data programada.

O dinheiro que entrava mensalmente era suficiente para adquirir um carro. O veículo era então sorteado entre os participantes. Cada um que recebia o seu carro continuava a pagar as parcelas, mas era excluído do sorteio, de forma que, ao final do prazo, todos pagassem o mesmo valor e cada um recebesse o seu automóvel. Nascia o consórcio.

A palavra "consórcio" significa associação de algumas pessoas ou empresas para uma finalidade específica, um empreendimento determinado. Acabou ganhando essa conotação de grupo de pessoas que buscam o autofinanciamento de um bem a partir da iniciativa dos funcionários do Banco do Brasil.

Em 1967, a modalidade foi adotada pela fabricante Willys Overland do Brasil, empresa norte-americana que chegou ao país em 1952 e produziu, entre outros, o até hoje famoso jipe Willys e o Aero Willys, icônico sedã das décadas de 1960 e 1970.

Aos poucos, o consórcio se transformou em uma prática incorporada às demais empresas do setor. Hoje, a maior parte das grandes montadoras em atividade no Brasil possui divisões de consórcio. Regulamentada nos anos 1990, a atividade é fiscalizada pelo Banco Central.

Com algumas adaptações, como a criação do lance, um pagamento antecipado de parte do valor total para liberar a entrega do bem antes do prazo, a modalidade ganhou corpo e tornou-se um segmento importante da economia brasileira. O lance aceito é, em geral, o de maior valor. O número de lances aceitos varia conforme a regra do consórcio e o número de participantes. Em geral, é aceito um ou, no máximo, dois lances por grupo por mês. Com a criação do lance, o consórcio passou a ter o dobro de participantes para que dois veículos pudessem ser entregues a cada mês, um por sorteio, outro por lance.

Aos poucos, o consórcio passou a financiar outros bens de alto valor, chegando ao auge na década de 1990, quando foi criado o consórcio de imóveis. Hoje, existem grupos voltados para a compra de vários produtos e até mesmo para a contratação de serviços, como festas de casamento e cirurgias plásticas. A modalidade de venda de bens, sobretudo automóveis, foi até mesmo "exportada" para outros países. Espanha e Portugal e vários países do Leste Europeu utilizam um sistema de consórcio baseado na invenção brasileira.

Criado para efetuar financiamentos de prazo mais longo sem a cobrança de juros — afinal, quem financia é o próprio consumidor, que paga parte do bem e abre mão de recebê-lo de imediato —, o consórcio ganhou administração profissional e, com isso, custos, que logo se transformaram em altos custos. Desse modo, embora não incidam juros sobre as parcelas, o valor das cotas de cada participante pode ser reajustado em função de uma série de fatores, como o aumento no preço do bem, a necessidade de cobrir uma despesa eventual ou a desistência de um dos participantes.

Além disso, o consórcio está sujeito a uma taxa de administração — que varia, mas pode chegar a 16% do valor total — e uma taxa de reserva de 3% do total, incluída nesses 16%. E é exatamente a existência dessas taxas que nos permite levantar a seguinte dúvida: o consórcio é mesmo um bom negócio?

Muitas pessoas, principalmente os vendedores de consórcio, o comparam com o financiamento. Mas isso é um erro básico. Se compra um carro por meio de financiamento, você retira o veículo da loja e começa a usá-lo imediatamente. Então, de fato, você está tomando emprestado o dinheiro de alguém para usufruir daquele bem, que é o que caracteriza um financiamento. Alguém — pessoa ou empresa — abre mão do seu dinheiro temporariamente para receber uma quantia maior no futuro. No financiamento, você está usando o dinheiro alheio para comprar o carro e pagando para essa pessoa ou essa empresa em parcelas acrescidas de juros. No final, a soma do que foi pago será maior do que o valor emprestado, configurando, assim, a remuneração do financiador.

No consórcio, o que vigora é o chamado mutualismo, ou seja, o autofinanciamento. Várias pessoas se reúnem para ter o dinheiro suficiente para a compra de um bem, operação que se repete por vários meses, até que todos sejam atendidos. Em um grupo simples, por exemplo, é possível juntar 60 pessoas durante 60 meses e cada uma retirar o bem, por sorteio. Pode ser que se constituam grupos maiores, com múltiplos do número original (120, 180, 240 participantes e daí por diante), como se fossem vários grupos dentro de um. Nesse caso, duas, três ou quatro pessoas são contempladas, conforme o número de membros do grupo.

Um dos problemas para quem compra uma cota de consórcio é que o dinheiro dos consorciados é aplicado em opções muito ruins do mercado financeiro, em geral o equivalente a uma caderneta de poupança, que, como você sabe, apresenta com alguma frequência rendimento inferior ao da inflação. Além disso, com as altas taxas praticadas pelas administradoras de consórcio, na prática, é como se a pessoa pagasse juros sobre o seu próprio dinheiro. Não faz sentido.

Algumas simulações de grupos de consórcio mostram que essa é uma alternativa que só vale a pena para quem recebe o bem logo nos primeiros meses, por sorteio. Vamos supor um plano de 72 meses com parcelas mensais de R$ 510,00 para a aquisição de um carro de R$ 30.000,00. Se multiplicar R$ 510,00 por 72 perceberá que o valor pago, R$36.720,00, será maior do que o valor do bem que se vai adquirir, devido ao fato de as taxas de administração serem maiores do que os pequenos juros do capital investido.

Analisando matematicamente o valor pago mês a mês nesse grupo, fica claro que o consórcio só é vantajoso para quem conseguiu o bem até o 26º mês.

A partir do 27º mês, o comprador de uma cota desse consórcio começa a ter prejuízo. Isso porque, se o dinheiro das parcelas for aplicado em um CDB que pague 95% do CDI, ele poderia acumular, no mesmo período, um valor superior ao do bem pretendido (veja como funciona a remuneração do CDB e de outras aplicações no capítulo de investimentos). E é no 27º mês, nesse caso específico, que a conta vira a contra o consórcio.

A comparação que se faz é quanto aquele dinheiro renderia de juros se fosse aplicado, em vez de pagar a parcela do consórcio, e como ficaria o mesmo bem financiado em prazo idêntico, à taxa — bastante factível — de 1,99% ao mês. Essa simulação leva em conta uma taxa Selic de 12% ao ano como referência. Também foi considerada a taxa de administração de 16%, muito elevada – mas bastante comum no mercado.

A partir do 49º mês, os valores das parcelas, se investidos, superariam os R$ 30.000,00 – e o comprador da cota ainda tem pela frente mais 23 meses de pagamentos a realizar. Essa conta desconsidera a inflação, mas, para efeito de raciocínio, é perfeitamente válida. Caso o valor do bem seja reajustado, o das parcelas também será, na mesma proporção.

Uma pessoa muito azarada, que só retire o bem no último mês de funcionamento do consórcio — pense bem, sempre tem um —, terá um carro de R$ 30 mil, ao passo que, se tivesse investido as parcelas em um CDB, teria quase R$ 50.000,00, mais que 66% do valor do bem. No final das contas, o consórcio é mais oneroso do que um financiamento comum.

A TENTAÇÃO DA LOTERIA: JOGAR QUANDO É FÁCIL PERDER

Você é daqueles que acreditam que jogar na loteria toda semana — ou sempre que tem algum megaprêmio acumulado — é um bom investimento? Se é, tenho uma má notícia: loteria não é investimento. É um jogo de azar. Repare na expressão: *jogo de azar*. Portanto, não é de sorte. Ou seja, a sua chance de perder é bem maior do que de ganhar.

Claro que você sabe disso, mas talvez nunca tenha parado para pensar no assunto. Tem ideia de qual é a sua chance de ganhar, por exemplo, na Mega-Sena com apenas uma aposta? Uma em 50 milhões. Sabe o que isso quer dizer? Quer dizer que, se você tivesse oportunidade de jogar 50 milhões de vezes, em uma delas, provavelmente, mas não com certeza, você acertaria todos os números. Imaginando que sejam pouco mais de 100 sorteios por ano na Mega-Sena — dois por semana —, você poderia levar até 5 mil anos para ser bafejado pela sorte. Não quero ser indelicado, mas acho que você não tem esse tempo todo...

Algumas coisas que costumamos achar impossíveis ou improváveis são mais fáceis de acontecer. O raríssimo nascimento de quadrigêmeos idênticos pode ocorrer uma vez a cada 15 milhões de partos. Já a chance de morrer atingido por um raio é de uma em 3 milhões.

Em resumo, da mesma forma que você vai passar a vida toda, por mais longa que seja, sem ser atingido por um raio, pode passá-la também sem acertar uma mísera quadra na Mega-Sena — que dirá o prêmio principal. Talvez mais de uma vida.

O que leva as pessoas a, mesmo assim, insistir em "fazer uma fé" na Mega-Sena ou em outros jogos de azar é um fator psicológico que normalmente nos leva a medir a felicidade a partir da felicidade alheia. O medo de que os que estão à nossa volta ganhem é tanto que, muitas vezes, nos obrigamos a jogar também. Principalmente quando se trata de um bolão. Supondo que todos no seu trabalho joguem e você fique de fora, como se sentirá caso os colegas ganhem um bom dinheiro?

Isso já aconteceu. Em junho de 2012, um grupo de 20 funcionários de um restaurante do Rio de Janeiro acertou a Mega-Sena. O prêmio estava acumulado em pouco mais de R$ 12 milhões, e couberam a cada um dos participantes cerca de R$ 635.000,00. Não é uma quantia fabulosa, mas pode-se considerar um prêmio bem interessante. Principalmente levando-se em conta que cada participante entrou com apenas R$ 10,00.

Mesmo sem ser um prêmio extraordinário, todos os 20 integrantes do bolão deixaram o emprego, reduzindo quase à metade o número de funcionários do restaurante. A maioria dos vencedores se demitiu com a intenção de montar um negócio próprio a partir do prêmio. O único do grupo que permaneceu no restaurante foi o copeiro Lúcio Flávio Osório. Apostador frequente, daquela vez ele não participou do bolão.

Uma reportagem do jornal *O Globo* da época relata as brincadeiras sofridas por Osório. O jornal conta que a sua própria mãe o chamou de "burro" por ter ficado de fora. Mas Osório se justifica. Estava com pouco dinheiro e preferiu gastar os R$ 10,00 em uma passagem de ônibus. Se tivesse apostado, teria de voltar a pé para casa. Como ele não sabia que seria a última vez que teria de voltar a pé, não arriscou.

Osório pode ser considerado um tremendo azarado, mas está certo. Claro que existe uma chance de ganhar na loteria. Mas ela é muito pequena. Tão pequena que as exceções acabam virando notícia, como constata a tabela a seguir.

PREÇOS E PROBABILIDADES DE APOSTAS NA MEGA-SENA

QUANTIDADE DE NÚMEROS JOGADOS	VALOR DE APOSTA (EM R$)	PROBABILIDADE DE ACERTO (1 EM)		
		Sena	Quina	Quadra
6	3,5	50.063.860	154.518	2.332
7	24,5	7.151.980	44.981	1.038
8	98	1.787.995	17.192	539
9	294	595.998	7.791	312
10	735	238.399	3.973	195
11	1.617,00	108.363	2.211	129
12	3.234,00	54.182	1.317	90
13	6.006,00	29.175	828	65
14	10.510,50	16.671	544	48
15	17.517,50	10.003	370	37

Fonte: Caixa Econômica Federal[22]

Se você apostar o máximo de números possíveis em um cartão (15), terá as chances aumentadas para uma vez a cada 10 mil no caso de acertar a sena (os seis números sorteados). E ficará bem mais fácil de acertar a quina (uma em 370) ou a quadra (uma em 37). Mas, para isso, você terá de despender mais de R$ 17.500,00. Uma quadra da Mega-Sena costuma pagar entre R$ 800,00 e R$ 1.500,00. Raramente vai muito além disso. Uma quina pode chegar a alguns milhares de reais, mas quase nunca supera os R$ 17.500,00 da aposta máxima. Convenhamos. A chance de multiplicar esse dinheiro fazendo uma boa aplicação é muito maior.

Claro que a sorte não segue muito rigorosamente a lei das probabilidades. Tanto que algumas pessoas ganham. Algumas até mais de uma vez na vida. Outras até mesmo na primeira vez em que apostam! Mas vale

22 Em 20/10/2015.

lembrar que a lógica da loteria é a aposta de muitos para pagar o acerto de poucos. Pouquíssimos, aliás.

E esses poucos felizardos nem ficam com o dinheiro todo. O prêmio pago aos acertadores corresponde a apenas um terço de tudo o que as loterias da Caixa Econômica Federal conseguem arrecadar. Mas, em compensação, o prêmio recebido já vem com todos os descontos, inclusive de impostos. É preciso mencionar o prêmio na declaração anual de Imposto de Renda, mas não é preciso pagar IR sobre ele. Dê uma olhada no quadro abaixo, que mostra como o dinheiro é distribuído.

DISTRIBUIÇÃO DE ARRECADAÇÃO DA MEGA-SENA

Prêmio total	51%
Fundo Nacional da Cultura	3%
Comitê Olímpico Brasileiro	1,70%
Comitê Paraolímpico Brasileiro	0,30%
Prêmio bruto	46%
Imposto de Renda Federal	13,80%
Prêmio líquido	32,20%
Seguridade Social	18,10%
FIES — Crédito Educativo	7,76%
Fundo Penitenciário Nacional	3,14%
Despesas de Custeio e Manutenção de Serviços	20%
Tarifa de administração	10%
Comissão dos lotéricos	9%
Fundo para Desenvolvimento das Loterias (FDL)	1%
Renda bruta	100%
Adicional para Secretaria Nacional de Esportes	4,50%
Arrecadação total	104,50%

Fonte: Caixa Econômica Federal

Repare que apenas metade (51%) do valor arrecadado constitui o prêmio total. O prêmio bruto é de apenas 46% do arrecadado — de cada R$ 1.000,00 obtidos pela Caixa Econômica Federal, apenas R$ 460,00 são destinados à premiação, no caso da Mega-Sena. O Imposto de Renda fica com 13,8%, e os ganhadores dividem os 32,2% que restam.

A Caixa gasta 20% de tudo o que arrecada com as loterias para poder gerir o sistema: 10% são para pagar a própria Caixa, 9% para as casas lotéricas — que, afinal, não podem trabalhar de graça e, mesmo sendo milhares, ficam com uma parte menor do bolo do que o banco. Note que 1% é destinado ao Fundo para Desenvolvimento das Loterias. Sabe o que a Caixa faz com esse dinheiro? Financia pesquisas para tornar mais atrativas as loterias que promove. Gasta uma parte do dinheiro do apostador para fazê-lo apostar mais. A ideia é renovar o jogo para que ele continue atraindo as pessoas.

Você pode até insistir em fazer alguns jogos na loteria e tentar a sorte, mas reserve a maior parte do seu dinheiro para um investimento de verdade, do tipo que dá retorno garantido e ajuda você a construir o seu futuro.

PASSO 5:

PENSE NO FUTURO E NO QUE ELE RESERVA

Em economia, existe a chamada Teoria da Utilidade ou Teoria da Felicidade. Segundo esse conceito, a utilidade cresce conforme mais produtos e serviços uma pessoa consuma. E, teoricamente, quanto mais consome, mais a pessoa é feliz, porque atende a um número maior de necessidades e anseios. A Teoria da Utilidade preconiza, também, que os agentes econômicos fazem escolhas.

Por essa lógica, se eu quiser ser muito feliz ou o mais feliz possível hoje com o dinheiro que tenho, devo gastar muito, se possível tudo, e adquirir todos os bens e serviços que atendam às minhas necessidades e aos meus desejos, ou seja, fazer as escolhas que vão me proporcionar o maior grau possível de felicidade dentro das minhas posses. O maior problema é que é preciso fazer escolhas que levem em conta também a felicidade futura.

Vamos fazer um exercício?

Anote todo o seu dinheiro disponível e, em seguida, relacione tudo o que você deseja e acha que pode comprar, por ordem decrescente de importância. Ou seja, aquilo que você mais quer aparece em primeiro lugar da lista. Ao lado de cada desejo, anote quanto você acha ou sabe que ele custa.

....

....

....

....

....

....

Esse exercício serve para você ter ideia das suas aspirações e do seu poder de fogo financeiro.

Você provavelmente descobriu que a sua lista de desejos é bem maior do que o que o seu volume de recursos lhe permite usufruir. É fácil perceber que não é bem assim que as coisas funcionam. Nessa hora, reflita se o pedido que você fez ao seu dinheiro continua o mesmo ou deve ser revisto.

Agora, veja o outro lado da moeda. Se a sua disponibilidade de recursos lhe permite adquirir tudo o que deseja, você provavelmente não vai mudar tanto assim o seu padrão de vida se comprar os objetos do seu sonho. Lembra-se do que disse o multibilionário Jack Ma? A partir de determinado nível, não faz mais tanta diferença ter muito dinheiro ou não. Pode ser até difícil efetuar escolhas a partir de determinado nível de riqueza.

A nossa preocupação é que, de hoje até o nosso último dia de vida, não temos como prever como será o nosso poder de consumo. Escolhas erradas hoje podem ser decisivas para aniquilar esse poder lá na frente. E uma escolha claramente errada é exatamente a de gastar tudo agora e esquecer o amanhã.

Ao contrário, boas escolhas terão repercussão positiva lá na frente. Para que isso ocorra, é preciso que você tenha plena consciência de um aspecto fundamental: as melhores escolhas não são necessariamente as que satisfazem os seus maiores anseios. São as que conseguem fazer o seu dinheiro render mais.

Não estou falando só de investimento, de o seu dinheiro render uma parcela maior de juros. Falo também de como empregar os recursos que você tem da melhor maneira, de modo que sobre mais — ou seja, que você gaste menos. Uma forma de fazer isso é adquirir primeiro aquilo que é mais necessário, o que nem sempre coincide com o que é mais desejado.

A outra forma, que pode e deve ser empegada ao mesmo tempo, é pesquisar o melhor preço e a melhor forma de pagamento por aquilo que desejamos.

Resumindo, boas escolhas são consequências imediatas das atitudes racionais. Nesse caso, é preciso levar em consideração qual deve ser realmente o nosso ponto de atenção. E, tirando as prioridades do dia a dia, aquelas sem as quais não podemos viver com o mínimo de conforto e dignidade, o que realmente vale a pena é fazer o dinheiro crescer. Nas próximas páginas, eu pretendo ensiná-lo a fazer justamente isso.

As duas caras dos juros

O juro nada mais é do que uma penalidade ou um bônus. Depende do ponto de vista. Se uma pessoa quer consumir já um produto e não tem dinheiro suficiente, ela precisa que alguém lhe empreste o valor necessário para a compra. Mesmo que ela não vá ao banco retirar uma quantia de dinheiro de empréstimo para comprar o bem à vista, quando ela faz uma compra parcelada (no crediário ou no cartão de crédito, por exemplo), existe por trás alguém emprestando dinheiro para ela. Sim, isso mesmo: quando compramos a prazo, a loja normalmente recebe à vista ou em períodos relativamente curtos, porque alguém paga a conta por nós. A não ser que a própria loja esteja fazendo o empréstimo para o consumidor. Nesse caso, é ela mesma quem paga e ela mesma quem recebe os juros por nos emprestar esse valor.

Se o financiador é externo, o dinheiro será transferido para o lojista pelo banco, pela financeira ou pela operadora de cartão que está arcando com o valor da compra naquele momento. Quem financia tem direito aos juros da operação, que é o quanto aquele agente cobra para emprestar dinheiro ao consumidor. Nesse caso, o juro funciona como uma penalidade para quem está consumindo. Não tem todo o dinheiro mas quer comprar assim mesmo? Pague mais caro por isso. Em alguns casos, muito mais caro. É o seu caso? Se for, comece agora mesmo a pensar quando vale ou não a pena pagar mais. Será que você não consegue se disciplinar o suficiente para juntar o dinheiro necessário e comprar o que precisa à vista, pagando menos e até mesmo conseguindo um desconto?

Mas

tem o

outro

lado.

O juro também pode ser um bônus, uma recompensa. Isso ocorre com quem financia as compras que fazemos parceladas: o banco, a financeira, a operadora do cartão ou até mesmo o lojista. O capital, ou seja, o dinheiro, pertence a algum desses agentes. Quando compramos parcelado, o valor pago a mais é transferido para o dono do capital.

Mas eu sempre pago mais caro quando faço compras financiadas?

E quando a loja cobra o mesmo preço à vista e em três vezes sem juros, por exemplo? Resposta: é a mesma coisa. Alguém está arcando com juros. Muito provavelmente, você mesmo. O que está errado, nesse caso, é que quem compra à vista não está recebendo o desconto dos juros que já estão embutidos no preço.

Quem paga à vista, aliás, deveria exigir esse desconto. Ocorre que, no Brasil, temos uma lei que impede cobranças diferenciadas entre o valor pago no cartão ou em dinheiro, já que o cartão — ou o cheque, hoje um objeto em franco desuso — é considerado um meio de pagamento "à vista". No início de 2017 foi proposta uma mudança dessa lei, mas até o fechamento deste livro, a situação era a mesma. Muitos lojistas se aproveitam disso, embutem os juros cobrados pela operadora do cartão nos preços e deixam por isso mesmo. Quem não pede desconto é prejudicado, porque paga um juro por um dinheiro que não pegou emprestado, aumentando a margem de lucro de quem está vendendo.

Para ficar claro: o juro é a remuneração sobre o dinheiro emprestado. Também ocorre quando somos nós que emprestamos o dinheiro para alguém que quer ou precisa consumir imediatamente e não dispõe dos recursos necessários.

Você pode pensar: *mas como eu vou emprestar o meu dinheiro para alguém e receber juros, se não sou agiota?* Saiba que pode fazer isso. O dinheiro que você deposita no banco, por exemplo, é um empréstimo que você está fazendo. Só que nem sempre recebe juros por ele. Por isso, é preciso escolher bem as opções de investimento para fazer o seu dinheiro render sempre — e à maior taxa possível —, ponderando o risco.

A grande diferença é que nós, pessoas físicas, não realizamos nossos empréstimos diretamente para quem precisa dele — a não ser que recorramos à prática da agiotagem, que no Brasil é crime. Mas podemos, como eu já disse, emprestar de maneira indireta. É exatamente o que fazemos quando colocamos dinheiro em uma aplicação. Ou seja: o dinheiro que o banco empresta não é dele. É dos clientes.

Para que possa pagar juros aos investidores, o banco tem de cobrar a conta de alguém. Cobra dos que contraem empréstimos. O banco funciona como intermediário de inúmeras operações de crédito. *Grosso modo*, o dinheiro que ele tem para emprestar é o que se encontra depositado pela clientela[23] para que ela tenha o maior poder de consumo de produtos e serviços. O banco capta o dinheiro em uma ponta, a do poupador, e empresta parte à outra ponta, a do tomador final, que, eventualmente, pode ser uma pessoa, uma empresa, um órgão público etc.

Entre uma ponta e outra, existe uma diferença nos juros. Como precisa se remunerar pelo seu serviço, pagar os acionistas e o quadro de funcionários e ainda investir para se modernizar permanentemente, o banco paga ao poupador (aqui definido como todo aquele que tem uma aplicação no banco, não necessariamente uma caderneta de poupança) uma fração do que cobra do tomador final. Essa diferença, chamada de spread bancário, costuma ser muito maior no Brasil do que nos demais países do mundo, o que faz com que os ganhos dos bancos por aqui sejam também mais elevados.

23 O Banco Central impõe limites para empréstimos sobre o volume depositado. Além disso, o *funding*, que é a soma dos recursos disponíveis para empréstimos, também pode ser formado por outras fontes que não sejam apenas os depósitos e as aplicações dos clientes daquela instituição em específico.

SPREAD BANCÁRIO

PAÍS	SPREAD (EM % AO ANO)
Madagascar	47,6
Malaui	31,1
Brasil	22
Paraguai	17
Peru	13,5
Angola	12,5
Uruguai	10,5
Rússia	5
Chile	4,5
Argentina	4
África do Sul	3,8
China	3,5
Canadá	3,2
Japão	1

Fonte: Banco Mundial (2015)

Ou seja, o banco usa o seu dinheiro, negocia com ele, ganha uma bolada e transfere apenas uma parte pequena para você e os demais correntistas.

E pode isso?

Pode.

Já afirmei mais de uma vez, com base nos dados da realidade, que o Brasil é o campeão mundial dos juros altos. Isso decorre de uma série de fatores, que vão desde as fragilidades da economia brasileira até questões culturais. Um desses fatores é o risco de inadimplência. Quanto maior a dificuldade que os bancos têm para receber o seu dinheiro de volta ou para receber dos devedores em atraso, maior o juro. A taxa média fica mais alta para compensar possíveis perdas com os caloteiros. Nesse caso, a sociedade toda paga pelo problema de alguns.

A fraqueza do mercado de capitais — basicamente, o da Bolsa de Valores — é outro desses fatores. Em países em que o mercado de capitais é bem desenvolvido e mais vigoroso, os juros bancários são sempre menores, porque o financiamento via mercado de ações é uma espécie de concorrente dos bancos. As pessoas não podem recorrer a "empréstimos" na Bolsa de Valores, mas as empresas podem fazer emissões de ações para obter capital e realizar investimentos. Com isso, podem ter acesso a um dinheiro mais barato. A procura por empréstimo bancário é menor, e, portanto, os juros também são menores.

Exatamente pelo fato de o Brasil ser o campeão em juros, mesmo com os bancos ficando com a parcela mais gorda da diferença, poupar é um grande negócio. Em quase nenhum outro lugar do mundo, é possível obter taxas de retorno tão elevadas nos investimentos de renda fixa.

Vamos falar sobre o que é renda fixa logo mais. Aguarde só um pouquinho. Mas saiba que, em geral, as aplicações honestas, bem geridas e bem fiscalizadas devolvem ganhos bem superiores à inflação. A grande exceção a essa regra é justamente a aplicação financeira mais popular no país, a caderneta de poupança.

Assim, fica fácil perceber que, entre ganhar um bom juro poupando e pagar um juro muitas vezes maior consumindo, vale mais deixar o dinheiro aplicado. Se é possível esperar para adquirir o sonhado bem, sai mais barato poupar por um tempo até ter dinheiro para comprá-lo à vista. E essa premissa vale do apartamento ao tênis de marca.

Ao poupar, você está renunciando ao consumo imediato pelo consumo futuro. Ou, em outras palavras, você está ampliando a sua capacidade de consumo no futuro, ao contrário de quem prefere financiar uma compra para adquirir um bem imediatamente. O dinheiro que essa pessoa gasta a mais com juros poderia estar se multiplicando em um investimento.

Renúncia e escolha

Pode até parecer nome de novela mexicana, mas o mecanismo de renúncia e escolha não tem nada a ver com ficção; pelo contrário, ele exerce grande influência na sua realidade financeira. Se você decide comprar uma nova televisão de tela grande, por exemplo, provavelmente vai deixar de adquirir outros bens. Talvez fique alguns meses sem comprar roupas ou calçados até que a compra da TV seja absorvida pelo seu orçamento doméstico e não impacte mais o seu bolso. É possível até que você adquira a TV à vista, mas, para isso, terá de tirar dinheiro de outros tipos de consumo ou da sua reserva — o investimento. Então, o certo é recompor a reserva ou voltar à normalidade orçamentária antes de partir para novas aquisições.

Se eu lhe perguntar se você quer receber R$ 1.000,00 hoje ou R$ 1.200,00 daqui a um ano, qual será a sua resposta?

É possível que você tenha ficado na dúvida. Ou talvez tenha achado que o melhor negócio é receber já, para não correr o risco de perder o dinheiro no futuro. Quando a escolha não é por um objeto, mas pelo dinheiro em si, as pessoas normalmente têm mais dificuldade em entender como funciona o mecanismo da renúncia.

Vamos supor que os R$ 1.000,00 sejam seus. Você aceitaria se privar deles agora para colher R$ 1.200,00 em 12 meses? Se a sua resposta é *não*, é melhor começar a rever os seus conceitos. Porque, se você optar pelos R$ 1.200,00 em 12 meses, terá ganhado 20% em cima do seu capital. Supondo que a inflação seja de 10% ao ano — um número elevado, mas que pode ocorrer em países instáveis como o Brasil —, você ainda terá ganhado bastante em termos reais. O ganho real é aquele verificado depois de descontada a corrosão inflacionária.

Olhando as coisas desse prisma, fica mais fácil perceber que receber R$ 1.200,00 daqui a um ano é bem mais vantajoso que receber R$ 1.000,00 agora. Portanto, a decisão mais racional seria optar pelo dinheiro daqui a um ano.

É essa, exatamente, a lógica do investimento. Você abre mão do seu dinheiro — e do seu poder de consumo imediato — para ter um volume de dinheiro maior lá na frente. Mais do que isso: você aumenta o seu capital, ou seja, o dinheiro que terá disponível. Como, nas melhores aplicações, os juros costumam superar a inflação, o dinheiro que você terá no futuro será maior do que o que tem agora. Portanto, você enriquecerá pelo menos um pouquinho.

Sabe quem pagou pelo seu enriquecimento? Aquelas pessoas ou empresas que não conseguiram, não quiseram ou não puderam renunciar ao consumo imediato e precisaram do seu dinheiro emprestado — e o de muitos outros investidores — para adquirir algo, pagando juros muito mais altos do que aquele que você está recebendo.

No final dessa novela, a escolha é sua: você prefere perder ou ganhar?

EU, INVESTIDOR

Quando se pergunta às pessoas qual é o perfil como investidor delas, há uma predisposição da maioria a se considerar "arrojadas". As pessoas gostam de ser arrojadas porque a palavra transmite uma imagem mais vibrante e interessante. Em geral, ser "conservador" não é bem-aceito porque transmite a ideia de uma pessoa "careta", que parou no tempo e não muda o seu modo de agir ou de pensar, mesmo com a mudança das circunstâncias.

Em princípio, não há nenhum problema em ser um investidor conservador. Este é, inclusive, um perfil que cai muito bem para determinados profissionais. Vou dar um exemplo: quem tem um negócio próprio em geral assume riscos bem maiores do que quem é empregado. Quem trabalha para os outros pode perder o emprego — é um risco —, mas quase sempre pode conseguir outro. Quem trabalha para si mesmo pode perder tudo — e talvez não tenha recursos para recomeçar.

Com base nisso, podemos dizer que o empregado é o conservador e o empregador, o arrojado? Bem, no mundo real, eles talvez não se encaixem tão bem nesses papéis. Podemos ter esses e outros perfis tanto de um lado quanto de outro. Mas, se tratamos a questão *racionalmente*, fica claro que alguns perfis de investidor são o oposto do que ocorre na vida profissional.

Um empresário já tem a dose de risco da sua atividade. O risco de empreender é importante — e o retorno também, de modo que ele precisa ter mais foco em monitorar os seus negócios. Não faz muito sentido ir para o mercado financeiro e se entregar a opções mais agressivas de aplicação, que normalmente têm um potencial maior de risco. *Racionalmente falando*, o melhor, nesse caso, é ser conservador e optar por aplicações que rendam menos — nunca menos do que a inflação, porém, porque aí não faz sentido investir —, mas que proporcionem um retorno mais seguro. O investidor ganha um pouco menos do que poderia ganhar em alguma aplicação mais agressiva, mas, em compensação, tem uma certeza maior de que vai ganhar — e muitas preocupações a menos.

Já um servidor público que pode se aposentar com salário integral ou próximo disso é geralmente visto como uma pessoa conservadora, porque quase sempre passa grande parte da vida profissional — se não toda ela — em um único emprego. Em compensação, tem estabilidade no emprego e sabe exatamente quanto vai ter por mês na aposentadoria. Sem riscos no dia a dia, esse profissional pode perfeitamente assumir uma postura mais agressiva nos investimentos. Como ele tem algumas garantias que outros não têm, pode se dar ao luxo de arriscar um pouco mais, estando sujeito a perder ou ganhar bastante.

Quem é trabalhador com carteira assinada está no meio-termo entre o conforto do servidor público e a corda bamba do empresário que precisa cuidar do seu negócio o tempo todo e pode, portanto, assumir o perfil que mais lhe convier. Se está relativamente seguro no emprego e tem um bom patrimônio, que assegure uma aposentadoria tranquila, pode ser um pouco mais agressivo. Se não tem tanta segurança assim de que vai estar empregado dentro de, digamos, um ano, é *mais racional* que não arrisque tanto e procure ser um pouco mais conservador.

Lembrando, sempre, que o investidor, seja ele empresário, servidor público, autônomo ou empreendedor, pode sempre diversificar as suas aplicações financeiras. Conhece aquela história de que não se deve colocar todos os ovos em uma mesma cesta? No mercado financeiro, vale a mesma regra. Se você coloca todo o seu dinheiro em uma aplicação só, corre mais risco e usufrui de menos benefícios. Se a aplicação for muito segura, provavelmente dará um retorno menor do que outras. Lembre-se: uma parte do tamanho da taxa do juro está associada ao risco: quanto maior ele for, maior será a taxa. Se a aplicação for agressiva, com bons retornos, terá um risco maior. E as chances de perder também tendem a aumentar. É por isso que o sensato mesmo é não investir mais de 20% do patrimônio em aplicações arriscadas. Em caso de perda, você vai ter um prejuízo limitado.

É importante saber também que algumas aplicações pagam juros maiores para quem deposita valores mais altos. Assim, é preciso conferir. Às vezes, o seu conservadorismo pode ser recompensado com uma taxa maior se você se dispuser a colocar mais dinheiro naquela aplicação. Manter o dinheiro investido por mais tempo também pode ajudar a aumentar a rentabilidade.

Em resumo, o seu perfil pode ser diferente como investidor e como profissional. E, no caso do investidor, ele pode ser misto, se você tiver recursos suficientes para fazer aplicações diferentes. O importante é que você escolha os investimentos de forma racional, de acordo com as suas necessidades e as suas condições.

Um pouco mais de risco pode ser bom se você está tranquilo com relação ao futuro: se tem estabilidade de renda ou se já tem um patrimônio sólido o bastante para arriscar uma parcela dele em investimentos mais ousados. Se você quer segurança, é melhor se contentar com menos e dormir tranquilo. Mesmo assim, não deixe de acompanhar os seus investimentos. Nenhuma aplicação é totalmente isenta de riscos. Lembre-se: o olho do dono é que engorda o boi.

VOCÊ ESTÁ PREPARADO PARA NEGOCIAR?

Informação é tudo. Sim, estou sendo repetitivo, embora a minha vontade seja, na verdade, ser enfático. O fato é que, neste ponto do livro, você já deve estar ciente de que uma vida financeira saudável não é possível sem racionalidade. Pois bem, a tal racionalidade, tão importante para nós, não existiria sem informação. É ela que faz você ganhar tempo, por exemplo, quando usa um aplicativo de GPS para fugir do trânsito. Na guerra, é ela que decide o vencedor — normalmente, o lado que dispõe de mais informação sobre as condições climáticas, a geografia e o inimigo. O nosso caso aqui não é tão extremo, mas também é a informação que vai nos ajudar a vencer as batalhas financeiras do dia a dia. Só ela — ou muita sorte — pode nos levar a ganhar ou deixar de perder dinheiro em diferentes situações. Pelo menos duas dessas situações são fundamentais para quem quer se dar bem financeiramente: compras e negociação.

Quem está decidido a comprar um carro, por exemplo, não deve deixar de usar a internet como ferramenta de pesquisa. Ela vale tanto para os modelos novos quanto para os usados. Mesmo que você vá até a concessionária para ver o veículo de perto antes de fechar negócio, é sempre bom comparar os preços em diferentes lojas. Isso pode ser um instrumento para barganhar um desconto ou uma vantagem quando for concluir a compra.

Você também pode consultar a internet para saber o preço de modelos usados. Praticamente não existe carro à venda no Brasil que não esteja contemplado em alguma tabela de preço. Use a tabela para negociar — e tentar baixar o valor.

O referencial da tabela, principalmente no caso do carro usado, é o veículo em perfeito estado de conservação, sem um risquinho sequer na lataria e com tudo funcionando 100%, tipo muito difícil de ser encontrado. Logo, você não precisa pagar o valor cheio da tabela. Mostre isso ao vendedor, principalmente se ele estiver tentando repassar o custo cheio com argumentos sobre a qualidade do produto.

Só não pense que aquela "choradinha" que você dá para o vendedor da concessionária faz muito efeito. Existe o desconto normal, que ele daria de qualquer jeito. O que ele lhe conceder de vantagem, de bônus, de brinde ou de desconto já estava de alguma forma previsto. Ele não vai vender abaixo do preço que a concessionária estabelece como mínimo, a não ser que o próprio vendedor, interessado em fechar o negócio, reduza um pouco a margem da sua comissão. Isso, de qualquer modo, só vai acontecer se você mostrar que sabe o que ele está fazendo.

Vendedores profissionais, sobretudo em mercados especializadíssimos, como o de carros e o de imóveis, utilizam várias técnicas de negociação. Uma delas é o conceito de ancoragem, que nada mais é do que criar uma expectativa no cliente e, depois, oferecer um negócio que parece muito mais vantajoso, o que faz com que o comprador seja levado a aceitar com maior facilidade a segunda proposta.

Um exemplo: você chega à concessionária disposto a comprar um carro de R$ 50.000,00 ou R$ 60.000,00. O vendedor mostra um espetacular, de R$ 100.000,00. Um preço muito além do que você gostaria de — ou até poderia — pagar. Em seguida, o vendedor lhe mostra alguns mais baratos, de R$ 70.000,00 ou R$ 80.000,00, quase tão espetaculares quanto o de R$ 100.000,00. Automaticamente, o seu cérebro vai interpretar que o de R$ 80.000,00, por exemplo, é um grande negócio. Se você tiver possibilidades financeiras e se deixar levar pelo truque, muito provavelmente vai comprar esse modelo, gastando bem mais do que pretendia inicialmente.

Nessa hora, a pesquisa de vários modelos e dos respectivos preços na internet se mostra uma grande aliada para evitar um gasto elevado e, muitas vezes, desnecessário. Você talvez não precise de um carro de R$ 80.000,00. Já pensou nisso?

A regra de negociar na compra de um carro vale para quase tudo. Em especial para bens duráveis — eletrodomésticos, eletrônicos etc. —, produtos de valor relativamente alto que dão ao vendedor uma possibilidade maior de negociação. Nesses casos, você pode apresentar o folheto de outra loja com preço mais baixo ou promessa de frete grátis para negociar vantagens.

É possível que o vendedor baixe o seu preço ou lhe ofereça algumas vantagens interessantes. Caso ele não baixe o preço mas ofereça vantagens, avalie bem se são vantagens reais ou apenas um chamariz que não lhe acrescenta nada. Pesquisar na internet também é uma boa maneira de ir para a negociação em vantagem, como já comentei.

A pesquisa como ferramenta de negociação, entretanto, não deve ser utilizada apenas em grandes compras. A ideia é que ela esteja presente em todas as compras, inclusive nas do dia a dia.

O mandamento de um consumidor racional é: sempre há meios de pagar menos. Principalmente em supermercados que "cubram a oferta da concorrência". Quando for fazer compras, pegue os panfletos com anúncios de diferentes lojas e compare os preços. Só não caia na armadilha de comprar o que não precisa só para aproveitar o preço supostamente baixo.

Isso às vezes ocorre em lojas de roupas, calçados, eletrônicos e eletrodomésticos. O consumidor entra na loja só para olhar. Um vendedor se aproxima, puxa papo e começa a falar das vantagens dos produtos, cujos estoques estão no fim. Envolvido na conversa, o consumidor acaba fechando a compra. O vendedor, generoso, ainda oferece um brinde.

O consumidor sai com a sensação de que saiu no lucro e até se esquece de que entrou na loja não para comprar, mas apenas para olhar. O vendedor o envolveu tão completamente que ele se sentiu na obrigação de comprar. Se isso ocorrer com você no futuro, lembre-se de fazer as tradicionais perguntas:

1. Preciso disso?
2. Posso pagar por isso sem comprometer o meu orçamento e sem abrir mão de outras coisas importantes?

Agora que você sabe como as coisas funcionam, não tem mais desculpas para fazer compras por impulso, não é mesmo?

Se quiser fugir dessa armadilha, peça um tempo para pensar. O vendedor vai insistir para fechar a venda porque sabe que, se você for embora, as chances de voltar são pequenas. E, do ponto de vista dele, venda adiada é venda perdida. Insista também. Diga que precisa pensar, fazer contas e ver se realmente pode pagar pelo produto. É muito comum, nessas horas, a gente se esquecer de que esse é um direito nosso. Depois, reflita sobre a compra, sobre o preço, sobre a utilidade do artigo oferecido, sobre a sua necessidade em tê-lo e, acima de tudo, sobre a sua disponibilidade financeira. Talvez você realmente não volte à loja. Se retornar depois de ter pensado, boa compra.

À vista ou a prazo? Novo ou usado?

Dinheiro na mão é uma forma imbatível de negociar. Quando você tem o valor total para comprar um bem — seja uma jaqueta ou um imóvel —, sempre é possível entabular uma conversa mais eficaz. Afinal, quem tem o dinheiro tem, até certo ponto, o poder na negociação.

Com o dinheiro disponível, você pode negociar um desconto maior. O vendedor sabe que não terá de lidar com a burocracia de entrar com um pedido de financiamento e a espera para vê-lo aprovado antes de receber a parte da financeira ou do banco.

Podemos voltar ao exemplo dos carros? Isso vale no mercado de carros zero quilômetro e, mais ainda, no de usados, no qual os preços de referência são mais flexíveis. Principalmente se você estiver negociando com uma loja independente, não ligada a um fabricante, ou com um particular, que pode aceitar menos dinheiro para receber mais depressa.

Você deve estar se perguntando por que insisto tanto em falar de carros e imóveis. Tem uma razão. Mais de uma, na verdade. Além de serem dois bens de valores muito elevados que, portanto, demandam maior planejamento na hora da compra, são os dois mercados com maior volume de negociação de bens de segunda mão. Isso amplia muito a oferta, a variedade e as possibilidades de negociação. Mas as regras que se aplicam a esses dois segmentos também fazem sentido em outras negociações.

Voltando, então, à questão do dinheiro vivo. A única hipótese em que valeria comprar a prazo tendo dinheiro na mão seria no caso de você conseguir uma remuneração maior no mercado financeiro do que a taxa de juros que você paga no financiamento.

É uma situação não muito comum, mas pode ocorrer no mercado de carros. Algumas montadoras oferecem "juro zero" para venda com entradas altas (em geral, 60% do valor do veículo) e poucas prestações (em geral, 12 e no máximo 24). Fique atento. Dificilmente o juro zero é zero de verdade. Faça a conta e compare o valor a prazo com o valor à vista, ou seja, o valor mínimo para comprar o carro que não é o valor de tabela (nem o financiado). É o valor com o desconto oferecido pela concessionária para pagamento à vista.

Por exemplo, um carro de R$ 50.000,00 pode ser financiado em 24 vezes com taxas baixas, porém, se o cliente for pagar à vista, às vezes, o valor cai para R$ 45.000,00 (moral da história: há juros embutidos). Além disso, peça para ver o custo efetivo total do financiamento. É obrigatório por lei repassar a informação do custo efetivo total ao consumidor.

De posse desse dado, você pode verificar o que está pagando a mais em relação ao valor inicial — e pode ter certeza de que alguma coisa a mais você está pagando — e calcular se vale a pena deixar aplicada a diferença entre o valor da entrada e o preço total.

Caso o vendedor lhe ofereça um modelo um pouco mais caro porque está equipado com "um extra", verifique se você realmente precisa ou valoriza esse "algo a mais". Para que levar um carro com, por exemplo, teto solar se você não se interessa por usar esse acessório? Provavelmente você vai ouvir o argumento de que ele valoriza o veículo. Sim, valoriza na hora em que você está comprando, mas nem tanto na hora em que você está vendendo.

A depreciação continua ocorrendo, e ela não leva muito em conta o que o carro tem "a mais". Os poucos reais extras que você vai conseguir na revenda em relação ao mesmo modelo sem aquele equipamento ou acessório não justificam o preço quase sempre exorbitante que vai pagar na hora da compra.

Se você é do tipo que gosta de personalizar o veículo, saiba que o dinheiro que você gastar para deixar o carro "do seu jeito" não retornará no momento de vender. É mais ou menos como a reforma ou a construção de um imóvel "ao gosto do proprietário". Haverá quem goste, mas haverá ainda mais gente que não enxergará muita graça em um carro com o jeito do dono anterior.

Você pode recuperar parcialmente o dinheiro do som, das rodas, da adesivagem e de outros equipamentos e acessórios instalados, mas dificilmente o retorno será proporcional à desvalorização do carro. Um exemplo hipotético: você gasta R$ 3.000,00 em personalização e, depois de dois anos, vende o carro e consegue, no máximo, R$ 500,00 a mais pelos equipamentos e acessórios extras. Além disso, muitos acessórios, como adesivos e pinturas exóticas, podem diminuir o número potencial de futuros compradores do seu carro. Pelas leis sagradas da economia de mercado, quanto menor a procura por um bem, menor o seu preço.

Quando o consumidor adquire um carro mais caro, o vendedor tem mais argumentos para empurrar acessórios que nem sempre são úteis ou necessários. Você gasta, por exemplo, R$ 80.000,00 em um carro e a concessionária oferece, como opcional, uma câmera de ré por R$ 500,00. Você não vai querer economizar R$ 500,00 e correr o risco de ralar o seu belo carro novo em uma manobra, vai? Esse argumento às vezes desmonta qualquer resistência por parte do cliente. No entanto, parte dos acessórios não é opcional de fábrica e, muitas vezes, sequer é da mesma marca do carro. Ou seja, esses acessórios podem ser comprados e instalados depois, a custos bem inferiores aos praticados pela revenda autorizada. Novamente, a pesquisa é uma arma poderosa contra o gasto.

O vendedor também vai dizer que a câmera instalada pela concessionária tem a mesma garantia do veículo. Ok. Só que a mesma câmera custa menos de R$ 100,00 fora da concessionária, em lojas independentes. Ou seja, você está pagando caro para ter o *status*, pelo fato de receber os acessórios junto com o carro, ou até por uma garantia que lhe renderia cinco equipamentos iguais em outra loja. Não me parece tão inteligente. E, acredite, costumamos nos meter nesse tipo de cilada mais do que imaginamos.

Ultimamente, estão na moda os sensores crepusculares e de chuva. Eles acionam os faróis e o limpador de para-brisa automaticamente quando escurece — ao entrar em um túnel, por exemplo — ou quando começa a chover. Ótimo. Mas qual é a dificuldade de acionar esses equipamentos manualmente? Antes dos sensores, era possível acionar os faróis sem nenhum esforço. Vale a pena pagar por isso?

A questão do *status* também precisa ser revista quando o assunto é trocar de carro. O hábito que muita gente tem de trocar de carro todo ano ou a cada dois anos é ruim para o bolso. O proprietário perde dinheiro, porque o veículo está no auge da desvalorização — nos primeiros anos, a perda de valor é proporcionalmente maior — e ele ainda não usufruiu do automóvel adequadamente.

Claro que muita gente prefere comprar um carro zero quilômetro pelo *status* que ele oferece e também porque não quer ter dor de cabeça com a manutenção. Você não sabe exatamente como o carro com alguns anos foi usado e, principalmente, por que tipo de cuidado de conservação mecânica ele passou.

Tirando isso, financeiramente, o melhor negócio, quando se trata de carro, é comprar um modelo com dois a três anos de fabricação, quando o preço está baixo, e vendê-lo por volta do sétimo ou oitavo ano, quando o custo de manutenção começa a pesar mais e a apólice de seguro torna-se proporcionalmente mais cara em relação ao valor do veículo.

Lembre-se: o custo das peças e da mão de obra para manutenção de um veículo é o mesmo, não importando se ele tem um mês de uso ou dez anos. Tenha em mente também que a garantia do fabricante do carro não cobre dano a peças a não ser que seja por defeito de fabricação comprovado, o que seria caso de *recall*. Aliás, a garantia só existe se o consumidor cumprir o programa de manutenção programado. Se ele deixar de trocar óleo ou uma peça dentro dos limites exigidos, pode perdê-la.

Obviamente, estamos falando de um modelo cujos componentes continuem sendo utilizados pelo fabricante. Se ele passa por algum tipo de atualização e a montadora substitui as peças, o custo pode ser maior ou menor no veículo mais novo. Independentemente do prazo em que você pretende trocar de carro, lembre-se sempre de fazer uma reserva em dinheiro para poder pagar à vista — o que é sempre preferível — ou dar a maior entrada possível na próxima troca.

Por fim, uma dica que vale para tudo na vida, mas é especialmente importante no caso do automóvel: não exagere no padrão. Repetindo: o ser humano tem dificuldade em baixar o seu padrão de vida e de consumo. Assim, quando se vê obrigado pelas circunstâncias a trocar de carro por um modelo menor ou mais barato, ele vai sentir o baque. Defina o seu padrão pelo conforto que precisa e pelo tamanho do seu bolso. Use o bom senso ao determinar que tipo de uso você fará do veículo. Se você usa pouco ou em situações específicas, mire isso na hora de escolher o modelo e o preço.

A menos que seja absolutamente fanático por carros e a compra de um modelo mais simples represente um sofrimento com o qual você não consegue lidar, a dica é: compre sempre um modelo de um padrão abaixo do que poderia pagar. Mesmo que seja só um pouquinho abaixo.

Você vai gastar menos, ter uma reserva maior para emergências e não terá tantas dificuldades em se adaptar em situações adversas. E, se possível, tente não se comparar às outras pessoas. Não dê tanta importância se os seus amigos, seus colegas de trabalho ou seu vizinho têm modelos maiores ou mais caros. Se o seu carro for um pouco mais simples, as suas contas também serão. Em se tratando de finanças, simplicidade pode fazer uma grande diferença.

Atenção: aquele gerente boa-praça não é seu amigo

Esse é um ditado com uma dimensão maior do que você imagina. Por dever de ofício, gerentes, vendedores e outros profissionais que dependem do público para negociar produtos e serviços são em geral simpáticos, atenciosos, aquilo que chamamos de "boas-praças". E você, fascinado pelo atendimento cordial que demonstra interesse no cliente, pode se sentir atraído por aquela figura cativante que está ali na sua frente.

Acredite: mesmo que o vendedor não esteja fingindo um milímetro e tenha realmente uma personalidade agradável, o objetivo de toda essa simpatia é um só: vender algum bem ou serviço para você. Em outras palavras, ele pode até tratá-lo como amigo, mas o que vê em você é um cliente a ser conquistado e explorado — no sentido comercial do termo. Amigo seu, ele não é.

Por isso, quem chega para o gerente do banco e pergunta se aquele produto é bom o suficiente está cometendo um equívoco. Não se esqueça de que o gerente é funcionário do banco. E está ali para maximizar as oportunidades de ganhos da instituição para a qual trabalha. Então, será muito difícil que ele lhe ofereça realmente a melhor opção.

Se o seu volume de dinheiro para investir for elevado, provavelmente partirá do próprio gerente lhe oferecer uma opção mais vantajosa do que o arroz com feijão disponibilizado ao grande público. Mas ela dificilmente será a melhor, a menos que você tenha informação suficiente e seja aguerrido o bastante para tirar dele mais do que ele deseja oferecer.

O fato de ter de prestar contas e dar resultados para o banco faz com que o gerente viva um conflito de interesses. Por mais que ele realmente deseje ajudar os clientes, tem metas a cumprir para alavancar o desempenho do banco e assegurar o seu bônus no fim do ano. Ou até mesmo garantir a permanência no emprego. Claro que, se o banco tem procedimentos que o profissional considera inadequados, este pode não compactuar com aquilo e deixar de trabalhar na empresa. Mas, se ele está lá, provavelmente é porque considera que as práticas do empregador são pelo menos aceitáveis.

Outro ponto importante a considerar é o fato de que o gerente do banco possivelmente tem informações limitadas sobre os produtos e serviços disponíveis em outras instituições, que podem ser muito mais vantajosos do que os dele. Existem aplicações em outros bancos que você poderia fazer através da sua conta, sem ter que abrir uma na instituição que oferece mais vantagens. A maioria das pessoas nem fica sabendo disso. Até porque o gerente muitas vezes não tem essa informação e não está preocupado em tê-la. Além de dar mais trabalho para ele, é um dado que joga contra o interesse da casa bancária para a qual ele trabalha.

Às vezes, o gerente desconhece até mesmo parte da gama de produtos do próprio banco. É por isso que, quando um cliente muda de padrão de investimento e começa a ter mais dinheiro disponível, o banco rapidamente eleva o seu *status* para o de cliente *premium* — que, dependendo da instituição, tem uma denominação diferente.

O cliente mais aquinhoado financeiramente acaba transferido para um gerente mais graduado também, com uma carteira de investimentos mais adequada ao seu novo perfil.

Então, é sempre essencial ponderar sobre as ofertas feitas pelos funcionários de cada instituição financeira a fim de verificar se realmente trata-se da escolha mais eficiente. Com um pouco de pesquisa e contato com mais de um banco, é possível se informar, comparar e decidir com maior precisão onde e como investir.

A moral da história é que ninguém é capaz de cuidar melhor do que é seu do que você mesmo. Por isso, o autoconhecimento financeiro e a racionalidade são a chave para a boa convivência com o seu dinheiro. O gerente do banco trabalha para o banco; se você precisa de alguém para trabalhar pelo seu dinheiro, seja o primeiro a se candidatar ao cargo!

O mesmo engano comete quem vai comprar um carro — especialmente usado —, um imóvel, um aspirador de pó ou outro bem durável qualquer e pergunta ao vendedor quais são as vantagens. Ele certamente vai apontar várias, mas e quanto aos defeitos? Será que ele vai dar o mesmo destaque para os problemas? O comum é que os minimize ou simplesmente omita.

É natural que seja assim, e parece bem óbvio, mas as pessoas nem sempre atentam para isso. Deixam-se levar pela simpatia e às vezes até mesmo pelo carisma do profissional que está do outro lado do balcão e pensam: "Um sujeito tão simpático assim não vai me iludir". São esses os momentos nos quais o emocional rouba a ação do racional — e você normalmente sai perdendo. Quando o assunto é dinheiro, deixar o emocional tomar a dianteira é abrir a porta para o autoengano, o prejuízo e o arrependimento.

A RENDA VARIÁVEL

Renda variável é aquela que não tem preço definido e não está atrelada a uma taxa de juros nem a um índice econômico. É variável porque oscila ao sabor das variações do mercado, podendo até mesmo ficar negativa, como ocorre com frequência nos investimentos em Bolsa.

Além da Bolsa, a renda variável também é constituída por mercados de moedas (câmbio). Os títulos são emitidos pelo governo ou por empresas como promessas de pagamento pelo dinheiro emprestado pelo investidor.

Quando alguém compra um título de renda fixa, está emprestando dinheiro ao emissor do papel. No momento do resgate, em tese, essa promessa de pagamento deve ser honrada com juros e, portanto, valer mais, em termos reais, do que o valor inicialmente emprestado.

Existe o mercado secundário, que negocia com desconto papéis antes de sua data de vencimento. A Bolsa faz parte desse mercado. Por isso, negocia também títulos de dívida, além das ações. O mercado secundário serve para quem deseja resgatar os seus títulos antes do prazo formal. Nesses casos, perde-se parte do juro a que se teria direito no vencimento correto. Esse mercado também serve para quem quer “especular”, ou seja, apostar que é possível ganhar mais dinheiro com a compra e a venda desses papéis.

Eficiência de mercado

Em investimento, existe uma lógica importante, que é a de eficiência de mercado. Ela vale tanto para negociações de ações quanto de título de renda fixa. Academicamente, são três as formas de eficiência.

A primeira é a eficiência fraca. Significa que o preço hoje reflete todos os preços passados. Exemplo: se a pessoa está vendendo dólar a R$ 4,00, é porque acha que não vai subir. Senão, não venderia. A mesma coisa vale para comprar. Se ela acha que vai subir, compra logo. Se acha que vai cair, por que vai comprar pagando mais do que o necessário? (Desde, claro, que a necessidade de comprar ou vender não seja premente.)

O último preço é a melhor representação do curto prazo sempre, ou seja, é o que melhor reflete a conjuntura naquele momento, o que não impede que ele sofra uma variação brusca se as condições mudarem.

A eficiência semiforte não só incorpora os preços históricos como também as informações públicas. Saiu o balanço, todo mundo já viu. A Bolsa funciona com base na expectativa. Então, há casos de empresas que tiveram lucro mas cuja ação caiu. Por quê? Porque todo mundo esperava um lucro maior. E, se todo mundo esperava um lucro de R$ 30.000.000,00 e ele foi de R$ 20.000.000,00, por exemplo, a empresa frustrou o mercado. O lucro previsto estava incorporado ao preço. Nesse caso, ocorre uma readequação, uma revisão do preço, e ele cai.

Para ganhar dinheiro com o ativo, você precisa ver a expectativa, não só a realidade do setor. Há casos de empresas que tiveram prejuízo e alta na ação, porque a queda não foi tão grande. Isso ocorreu com a Petrobras em 2014, quando a empresa estava em crise, e, ao anunciar o balanço, o prejuízo foi menor do que o esperado. As expectativas imediatamente se ajustaram à nova realidade, e o preço da ação subiu.

> Aliás, o mercado funciona como se você estivesse dirigindo com o GPS ligado. Na partida, ele dá uma expectativa de tempo e de itinerário. Com o desenrolar do trajeto, o GPS vai ajustando o tempo de chegada conforme mudam as condições de trânsito. Um semáforo está com defeito e a travessia de uma parte da cidade está mais lenta por conta disso? O tempo será reajustado com base na experiência de quem já passou pelo trecho complicado. E assim por diante.

Tudo funciona como um conjunto. A terceira eficiência, a forte, engloba as outras duas, ou seja, o conjunto de informações que formam a fraca e a semiforte — os preços de mercado, as informações públicas disponíveis na mídia, os dados do balanço publicado pela empresa etc. — e mais uma informação pontual, exclusiva, disponível a poucos participantes. Pode ser até mesmo uma informação "de dentro", quando se trata de um negócio. Um exemplo: duas grandes companhias resolvem juntar os seus negócios em uma fusão para se tornarem a maior companhia da América Latina, por exemplo, para ficarmos próximos do nosso universo.

O mercado desconhece as negociações entre as duas, porém dispõe de várias informações públicas e análises sobre as empresas, separadamente. Em um dado momento, alguém obtém a informação de que os executivos das duas companhias estão realizando seguidas reuniões. Mesmo que desconheça o teor da negociação, aquela pessoa passa a deter um dado que a maioria dos agentes de mercado desconhece. Ela pode negociar com os papéis daquelas companhias e ganhar muito quando a operação for concretizada e se tornar de conhecimento público.

No mercado de capitais, esse tipo de informação exclusiva é chamada de informação privilegiada. O mercado costuma utilizar com maior frequência os termos em inglês: *insider information* ou *insider trading*, cujo significado indica exatamente o fato de a informação ser "de dentro" do negócio. O uso desse tipo de informação para obter vantagens financeiras é considerado crime em praticamente todos os países. No Brasil, não é diferente. A Comissão de Valores Mobiliários (CVM) fiscaliza e investiga práticas do gênero.

Quando há comprovação de uso de informação privilegiada, os responsáveis são punidos com pesadas multas e podem ser suspensos do mercado por tempo determinado. Como desde 2011 essa prática é considerada crime financeiro no país, os responsáveis podem até mesmo ir parar na cadeia. Já houve condenações no Brasil, embora no caso mais rumoroso, ocorrido em 2011, o condenado tenha obtido do juiz o direito de substituir a prisão pela pena alternativa de prestação de serviços à comunidade. Em fevereiro de 2016, a pena foi restituída e o acusado, condenado a três anos de prisão e multa.[24]

É por essa razão que dirigentes de empresas, seus parentes, advogados, consultores, analistas, auditores e outros personagens próximos não podem negociar ações de uma empresa quando ela está envolvida em alguma operação nova, que possa alterar o seu valor de mercado. Caso o façam, serão investigados pela CVM, que analisará as operações de compra e venda de papéis daquela empresa nos dias ou nas semanas que antecederam a operação para verificar se houve algum movimento atípico que aponte indício de irregularidade.

Ainda assim, o uso desse tipo de informação privilegiada é comum. Os *insiders* estão sempre procurando um jeito de ganhar dinheiro e burlar a vigilância, seja efetuando operações disfarçadas para maquiar as suas verdadeiras intenções, seja utilizando terceiros — os chamados "laranjas" — para comprar ou vender papéis em seu nome.

Quem tem medo da Bolsa?

O Brasil é um país complexo. Tão complexo que algumas leis universais da teoria econômica não chegam a vingar por aqui. Uma dessas leis está relacionada ao desempenho da Bolsa de Valores, o chamado investimento de renda variável.

24 "Ex-diretor da Sadia é o primeiro condenado no Brasil por insider trading". *Consultor Jurídico*, 22 fev. 2016. Disponível em: <http://www.conjur.com.br/2016-fev-22/stj-profere-primeira-condenacao-insider-trading-brasil>. Acesso em: 03 jan. 2017.

A Bolsa de Valores serve basicamente para as empresas buscarem novos sócios. Ao comprar ações de uma empresa, o investidor, em tese, indica que acredita nos bons resultados futuros daquela empresa e aceita tornar-se sócio dela. Compra um pedaço do seu capital para poder ganhar junto com ela.

Qualquer manual de economia e finanças publicado fora do país dirá que a compra de ações é a melhor alternativa de investimento no longo prazo e que, apesar das oscilações do mercado acionário e da sua grande volatilidade, as ações sempre se valorizam mais do que os demais investimentos de renda fixa de baixo risco com o passar do tempo.

O argumento é o de que a Bolsa tem mais risco, mas esse risco se dilui no longo prazo. Pode ser que, no curto prazo, oscile para baixo ou para cima, mas, com o decorrer do tempo, as variações se compensam umas às outras, e o que sobra é uma tendência de valorização que supera outras opções de investimento. Sempre faço algumas simulações com diferentes prazos e sempre chego aos mesmos resultados. Tudo isso é verdade em mercados maduros e países com taxas de juros baixas e moderadas, mas por aqui as coisas são um pouco diferentes.

Na tabela a seguir, por exemplo, usei o CDI como representante da renda fixa e o Ibovespa, da renda variável. Além disso, para efeito de equiparação, foram descontados os impostos que incidem nas duas aplicações e incluídos os dividendos e proventos da Bolsa. A comparação foi feita com todas as janelas de investimento de um a 22 anos, desde que o Plano Real foi implementado.

ANOS (JANELA)	% DE VITÓRIAS DA BOLSA	% DE VITÓRIAS DA RENDA FIXA	COMBINAÇÕES
1	46%	54%	5396
2	41%	59%	5144
3	36%	64%	4892
4	36%	64%	4640
5	36%	64%	4388
6	33%	67%	4136
7	36%	64%	3884
8	34%	66%	3632
9	34%	66%	3380
10	39%	61%	3128
11	42%	58%	2876
12	32%	68%	2624
13	19%	81%	2372
14	27%	73%	2120
15	18%	82%	1868
16	6%	94%	1616
17	3%	97%	1364
18	0%	100%	1112
19	0%	100%	860
20	0%	100%	608
21	0%	100%	356
22	0%	100%	104

Como se vê, no Brasil, a teoria é amplamente desmentida pelo histórico. Embora grande parte das maiores companhias brasileiras — e até um número razoável de empresas menores — tenha seus papéis negociados na Bolsa de Valores, Mercadorias e Futuros de São Paulo (BM&FBovespa), a principal bolsa do país, o mercado de ações por aqui nunca teve muita expressividade e negocia um volume baixo perto do que ocorre em outros países nos quais o mercado de capitais é mais desenvolvido. E isso tem uma explicação simples e cristalina, e que você já conhece: o Brasil é o campeão mundial dos juros altos.

Quem vai colocar o seu rico dinheiro no arriscado mercado de ações se é possível obter boa rentabilidade com os juros elevados pagos pelos títulos públicos e por algumas modalidades de investimento em renda fixa? Pelo mesmo motivo, muitas pessoas deixam de investir no setor produtivo — criando empresas ou desenvolvendo projetos, produtos e serviços — e preferem colocar o dinheiro em uma aplicação financeira, porque o rendimento é maior.

Isso acaba criando um círculo vicioso. Como não há muitos investimentos diretamente nas empresas, elas se valorizam menos e têm um desempenho menor do que poderiam ter, o que se reflete na sua cotação na Bolsa.

É bom lembrar que o preço de uma ação na Bolsa de Valores reflete os resultados que a empresa apresenta e, em parte, a expectativa do que ela pode gerar de ganhos ou perdas. Assim, se uma empresa não cresce porque não tem dinheiro para investir, a sua ação também não se mexe — ou até cai —, porque o investidor sabe que ela não vai apresentar nenhum resultado promissor.

Para qualquer intervalo considerado nos levantamentos que tenho feito para o mercado acionário brasileiro, a renda variável perde. E, ao contrário do que preconiza a teoria econômica e do que ocorre no exterior, quanto maior o período analisado, maior a perda, chegando a 100% de derrotas para a renda variável em prazos superiores a 18 anos. Em dez anos, a Bolsa é melhor em 44% das 2.761 combinações realizadas. Em 15 anos, a vantagem cai para 23%, recuando para apenas 7% no prazo de 16 anos.

Claro que o que aconteceu no passado pode não se repetir no futuro, mas os dados indicam uma possibilidade. Enquanto o Brasil for um dos países de juros mais elevados do mundo, dificilmente haverá ganhos mais consistentes na renda variável do que na renda fixa, sobretudo em intervalos mais longos.

Eu, particularmente, não recomendo o investimento em Bolsa, no Brasil. As taxas de juros são suficientemente altas para assegurar um retorno confortável, com muito menos risco. Mesmo assim, existem aqueles que apostam na Bolsa. Se esse é o seu caso, tenho algumas recomendações baseadas na observação dos fatos: diversifique e tenha cuidado com os gestores.

Vigiar e diversificar

Carteira diversificada: se você comprar a ação de uma única empresa, por maior e mais importante que ela seja, pode suceder algo de muito bom ou de muito ruim com ela. Aconteceu algo de muito ruim com a Petrobras nos últimos anos, certo? O esquema de corrupção que havia tomado conta da empresa fez com que a companhia tivesse de rever todo o seu plano de investimento, perdesse dinheiro, fosse colocada sob suspeita e, como não poderia deixar de ser, visse a cotação das suas ações desabar na Bolsa de Valores do Brasil e também na de Nova York — onde a Petrobras negocia um tipo de ação especial chamada ADR.

Esse é só um exemplo. Existem outros. Se você comprar ações de uma empresa aérea, pode se dar bem com a valorização delas, caso participe de uma grande fusão e se torne mais forte, ou caso uma concorrente perca mercado por alguma razão e a companhia cujas ações você tem na carteira avance sobre a fatia que pertencia à outra. Mas pode também se dar muito mal se a empresa se envolver em um acidente, perder um avião, matar dezenas de pessoas e entrar numa crise colossal. Nesse caso, as suas ações vão se desvalorizar.

Então, quanto maior a diversificação por empresa e também por setor de atividade, melhor. Você fica mais protegido, porque é difícil que todos os setores passem maus bocados ao mesmo tempo, embora a economia enfraquecida, como nos períodos de crise, seja ruim para todos.

Toda empresa tem uma parte do risco específico, que é só dela, e do risco ligado à economia, ou seja, ao setor em que ela atua ou à atividade econômica como um todo. Um exemplo: em 2008, quando eclodiu a crise financeira internacional decorrente da quebra do banco americano Lehman Brothers e do sistema de financiamento habitacional dos Estados Unidos, a maior parte das empresas foi afetada.

Como a crise veio à tona somente em setembro daquele ano, muitas das companhias ainda fecharam 2008 com bons resultados, porém não escaparam do prejuízo em 2009. Quem estava na Bolsa, a não ser quem comprou ações muito específicas que ficaram imunes à crise ou foram pouco afetadas por ela, perdeu dinheiro.

Quer dizer que nenhum gestor do mercado de ações era competente? Provavelmente, alguns eram, sim, mas o risco do sistema foi maior, e, com a queda generalizada, a maioria perdeu. Essa perda dificilmente será recuperada se o investidor persistir por mais algum tempo nessa mesma opção.

O risco específico, muito característico da empresa, é possível mitigar. Ou seja, você consegue compensar as perdas de um lado com ações de outras companhias ou de outros setores, porque não vão acontecer só coisas boas de um lado e só coisas ruins de outro. No balanço de fatos bons e ruins, algumas companhias vão ficar devendo, ao passo que outras serão valorizadas. Isso só não funciona — como não funcionou em 2008/2009 — quando a tempestade colhe a todos ao mesmo tempo. Há os que naufragam, os que sobrevivem com grandes perdas e os que sobrevivem com perdas menores.

Não arrisque sozinho

Em geral, os especialistas em mercado de ações recomendam trabalhar com oito ou dez ações, no máximo. Mais do que isso, a diversificação já não é tão grande tem custos mais elevados e não surte tanto efeito. No entanto, é preciso entender que o mercado de ações é caro para quem é investidor individual e sem capital muito volumoso.

Ao comprar uma ação, esse investidor vai ter custos com corretagem, taxa de custódia e emolumentos. De Imposto de Renda, pagará uma alíquota de 15% sobre o lucro. Caso compre e venda ação no mesmo dia, em uma operação conhecida como *Day Trade*, o imposto será maior, de 20%. O IR mais alto para operações de um dia é uma maneira de inibir a especulação. Não sempre funciona. Se o investidor identifica uma oportunidade de comprar e vender rapidamente com lucro, não vai se importar de pagar um pouco mais de imposto.

Vendas de até R$ 20 mil reais mensais ficam isentas de IR. Acima desse valor, o imposto é aplicado sobre todo o valor dos investimentos em ações. Quando o investidor tem prejuízo com ações de uma empresa e lucro com os papéis de outra, ele pode abater o prejuízo do ganho e tributar apenas sobre o lucro que restar da soma das operações.

Outro "custo" para o investidor é ficar de olho no mercado. Ele tem de acompanhar a ação para ver seu desempenho. É trabalhoso. Mas há algumas opções. Existe um tipo de fundo que se chama *exchange traded funds* (ETF), que nada mais é do que um fundo que replica o Índice Bovespa, ou seja, investe nas ações que fazem parte do índice. A taxa de administração de um ETF é mais baixa se comparada à de outros fundos. Enquanto nos bancos você paga 1% a 1,5% de taxa para investir em ações, no ETF é possível desembolsar menos de 1% do valor investido.

O Ibovespa é um índice composto por ações de 66 empresas — as mais negociadas do mercado —, das quais cerca de 40 são negociadas todos os dias. As empresas que compõem o índice representam 80% do volume negociado na bolsa. O índice é revisado a cada quadrimestre. A cada revisão, as ações mais negociadas ganham um peso maior ou menor no índice, proporcional à importância que assumiram no quadrimestre anterior. Isso quer dizer que, para o bem e para o mal, suas variações terão maior impacto no índice do que papéis com menor peso. Às vezes, uma empresa pequena por alguma razão passa a ter sua ação muito negociada em determinado período, o que a leva a ter peso grande na formação do índice do quadrimestre seguinte.

Fundos passivos e ativos

Existem dois tipos de fundo de ações. Os fundos passivos, como os ETFs, que replicam um índice, seja o próprio Ibovespa ou um índice setorial (a bolsa tem vários, para empresas de siderurgia, telefonia, aviação etc.), e os fundos ativos. Os ETFs são negociados como ações, no mercado à vista, a termo e de opções. Antes de começar a investir, é preciso ser cliente de uma corretora. Os mesmos tipos de ordens utilizadas para ações são utilizadas para as negociações dos ETFs. Eles são listados em

Bolsa de Valores e podem ser negociados durante o pregão. A operação de compra e venda é muito fácil para qualquer investidor.

Nos fundos ativos, o investidor ou o gestor tenta superar o desempenho da Bolsa. Quando falo em superar, estou me referindo à relação de risco e retorno. Com isso, forma-se uma carteira de ações variada. Não podemos nos esquecer de que, mesmo que apresente um potencial de alta maior, uma ação de uma empresa que esteja passando por uma crise é muito mais volátil — sujeita a alterações bruscas — e arriscada do que a de um banco, por exemplo.

Informação é dinheiro

Os bancos viveram e ainda vivem dias de glória no Brasil, graças aos juros altos. Acabam batendo sucessivos recordes de lucro e tendem a apresentar ações de comportamento mais estável. Claro que, com o passar do tempo, a situação pode se inverter e os bancos podem se tornar uma aposta mais arriscada do que outras empresas. Mas, para saber quando e como isso vai suceder, é preciso estar atento.

Nunca, ou quase nunca, setores diferentes e mesmo empresas diferentes de um mesmo setor vão apresentar o mesmo risco. Disso, já sabemos. Ainda assim, é fácil achar que a Petrobras pode valorizar mais do que bancos como Itaú ou Bradesco e decidir concentrar o investimento nela. Mas você tem ideia do nível de risco a que está exposto em um caso ou no outro?

Saber qual é o risco aproximado de uma operação é um aspecto que depende de informação. Por isso, existem analistas de mercado, que se informam o tempo todo sobre as áreas em que atuam — sistema financeiro, por exemplo — e podem avaliar melhor o risco e as perspectivas de determinada ação. Eles sabem, por exemplo, se o Banco A está mais exposto à inadimplência do que o Banco B e, portanto, pode apresentar um balanço mais problemático. Isso não quer dizer que comprar a ação do Banco A seja ruim. Depende muito de como ela se encontra naquele momento. A informação ajuda a analisar se o impacto de uma notícia ou um balanço será positivo ou negativo.

Em compensação, o potencial de alta de cada um é também diferente e pode ser inversamente proporcional ao risco. Dos bancos, por exemplo, sempre se espera um bom resultado. Mas é preciso que o desempenho seja excepcional para superar a expectativa dos investidores, que, por sua vez, formam o preço dessas ações.

Nas empresas de outros setores, das quais não se espera tanto, um fato novo pode dar grande impulso e valorizar as ações, já que o preço praticado até então ainda não havia incorporado essa valorização. Também pode ocorrer o contrário: uma informação negativa ou uma simples frustração de expectativa pode derrubar a cotação daquela empresa.

Quem deixa as suas ações aos cuidados de um gestor é porque acredita que ele tenha uma habilidade maior para escolher os papéis e que seja capaz de produzir uma combinação mais eficiente entre risco e retorno. Só que se paga muito caro por isso.

A experiência mostra que não existem supergestores à prova de erro e, mesmo assim, muito investidor paga uma taxa de 1,5% ou mais apostando que, no seu caso, o gestor vai tirar um coelho da cartola e fazer melhor do que faz para os demais aplicadores. Muitas vezes, fixa-se uma meta de retorno que pode ser facilmente alcançada sem risco. Como quando ele mira no Certificado de Depósito Interbancário (CDI), que não tem risco algum. E, se não há risco, que ganho o investidor tem?

A própria métrica de performance — fórmula usada para medir o desempenho — desses gestores é ruim. Em alguns casos, quando o gestor arrisca para valer, é nas seguintes condições: "Se você quiser, eu arrisco o seu dinheiro. Se ganhar, a gente divide, porque eu tenho performance. Se perder, eu sinto muito". Claro que ele não usa essas palavras. O discurso é bem outro, todo elaborado, cheio de sutilezas e meias palavras. Mas a tradução da mensagem, no fim das contas, é esta: o ganho é nosso, a perda é sua.

Além do mercado de ações, a renda variável comporta ainda outros segmentos, como o mercado de moedas, também chamado de câmbio. Moeda é um mercado de renda variável porque, a rigor, pode sofrer oscilações — algumas delas até bruscas; quem não se lembra de que, em 2002 e início de 2003, com a primeira eleição do ex-presidente Lula, o dólar saiu de menos de R$ 2,00 e chegou a quase R$ 4,00? Apesar disso, algumas moedas fortes tendem, com o decorrer do tempo, a se valorizar perante moedas de países menos desenvolvidos.

Também é possível investir em outros mercados de renda variável através de Bolsas sem ter de comprar ações. São os mercados de commodities, como ouro, outros metais e até produtos agrícolas. Mas essa é uma tarefa para profissionais especializadíssimos ou para quem tem algum interesse direto no mercado físico — e não apenas de papel — desses produtos.

Marcação a mercado

Para explicar algo que se chama marcação a mercado, vou contar a história de um amigo meu. Chinês, ele veio para o Brasil muito jovem. Voltou uma única vez à China e decidiu comprar por lá um lote grande de aparelhos eletrônicos que pretendia vender por aqui. Pagou, digamos, R$ 2.000,00 pelos produtos e tinha a intenção de vender por R$ 20.000,00.

Por alguma razão de que não me lembro, a carga foi perdida. Então, ele me perguntou: "Samy, eu perdi os R$ 2.000,00 que paguei ou os R$ 20.000,00 que esperava receber?". A dolorosa resposta foi: "Você perdeu os R$ 20.000,00, porque tinha uma expectativa de receber R$ 20.000,00, uma vez que você não viaja com frequência para a China e este será o seu custo de reposição". Essa é a lógica do preço de mercado, e vale também para a renda fixa.

A mesma lógica está presente quando as pessoas compram dólares ou ações. A pessoa comprou US$ 1,00 a R$ 3,20, e a moeda caiu para R$ 3,00. Ela pensa: "Não vou vender agora, porque vou perder dinheiro". Lamento informá-lo, meu amigo, você já perdeu dinheiro. Todo dia que resolve não vender, você está revalidando os votos de compra. Esse negócio de que só perde quando se vende é, portanto, uma grande ilusão. Isso vale na Bolsa também. Quando você ganha, ganha. Quando perde, não tem jeito.

Essa lógica vale em outros mercados, como o de imóveis ou carros. O preço do seu imóvel oscila dia a dia, porém, como você não tenta vendê-lo diariamente nem tem essa informação, não se dá conta desse risco.

Debêntures poderiam ser uma boa alternativa na renda variável. Debêntures são papéis emitidos pelas empresas do mesmo modo que as ações. Com a diferença de que não dão direito a "um pedaço" da companhia. A debênture é um título privado. Quem compra está emprestando dinheiro à empresa, assim como se faz com os títulos públicos.

Como os juros são elevados no Brasil e os bancos cobram um spread elevado, algumas companhias recorrem a esse expediente para obter crédito mais barato. Mesmo pagando juros altos, eles normalmente são menos elevados do que os dos bancos. O problema é que o mercado no Brasil é pequeno e difícil de acessar, o que limita as possibilidades de investir nesse segmento.

Sobre SAs, ações e a Bolsa

Só são negociadas na Bolsa as empresas de capital aberto, também conhecidas como sociedades anônimas (SAs). O capital é chamado de aberto porque qualquer um pode ser sócio, desde que adquira ações no mercado.

Quando uma empresa de capital fechado quer se transformar em SA, ela faz uma oferta inicial de ações, ou seja, faz a sua primeira venda de ações ao público. Essa operação é conhecida pela sigla IPO, do inglês *Initial Public Offering*.

As ações também são chamadas de papéis. Ao comprá-las, o investidor está colocando dinheiro na empresa para que ela possa atuar com maior vigor financeiro. Comprar ações é, portanto, uma operação de risco.

Se a empresa vai bem, as ações sobem e os sócios ganham não só com o preço da ação, mas também com os dividendos, a divisão de uma parte do lucro.

A parte do lucro paga como dividendo é dividida pelo total de ações, e cada investidor recebe conforme o número de ações que detenha. Se o dividendo é de, digamos, R$ 0,50, um investidor que tenha 20 mil ações da companhia receberá R$ 10.000,00.

Cada empresa define quanto do lucro vai ser repassado aos acionistas. Algumas companhias podem ter lucros vultosos mas repassar apenas uma parcela pequena — digamos, 10% — enquanto outras, menores, podem pagar dividendos maiores se distribuírem, por exemplo, 50% do lucro.

Segundo a Lei 6.404/1976 (Lei das SAs), a empresa pode pagar um valor qualquer de dividendos, desde que seja um percentual do lucro líquido fixado em estatuto. Se o estatuto não estabelece um limite, o dividendo é obrigatoriamente de 50% do lucro líquido ajustado. Quando a empresa tem prejuízo, os dividendos não são pagos. As ações preferenciais dão ao seu portador o direito de receber primeiro os dividendos pagos. Já as ordinárias permitem que o seu dono vote nas assembleias de acionistas da empresa. O preço das ações é definido conforme a média de papéis negociados no dia e o preço pago por eles. Mesmo que não receba dividendos, o investidor pode ter ganhos se conseguir vender as suas ações acima do valor que pagou. Empresas com alto potencial de crescimento preferem reinvestir os lucros a pagar dividendos pois entendem que, dessa forma, o valor da ação subirá mais e seus investidores terão um ganho maior.

O preço de uma ação incorpora as expectativas futuras da empresa. Se uma empresa teve lucro, mas o mercado esperava um resultado melhor, o preço da ação pode cair. De forma análoga, se uma empresa teve um prejuízo menor que o esperado, não será surpresa se a cotação de suas ações subir.

Repare como não é simples investir em ações – uma empresa lucrativa não garante ganhos para o investidor. Os profissionais apostam em ações quando acreditam que a realidade será melhor que as expectativas incorporadas no preço. E eles nem sempre acertam, apesar de todo o preparo que possuem.

ENFIM, A RENDA FIXA

A maior parte das pessoas é avessa ao risco — não só quando envolve dinheiro. O número de praticantes de esportes radicais, como paraquedismo, voo livre e outros que colocam a vida em perigo, por exemplo, é proporcionalmente menor do que nas modalidades menos radicais.

Mas, no caso da Bolsa, quem investe acredita que pode ganhar ali mais do que obteria com a renda fixa, de forma a compensar o risco maior. O principal risco da renda variável é justamente a oscilação dos papéis, que pode fazê-la despencar, levando o investidor a perder dinheiro no momento do resgate. Isso ocorre com frequência no Brasil, onde o mercado de ações não é muito robusto, como já comentei.

Todas as operações de crédito são classificadas como de renda fixa. Quando o dinheiro é emprestado para uma pessoa, empresa, governo ou instituição financeira com alta capacidade de pagamento ele é considerado um investimento de baixo risco. No entanto, se o empréstimo for feito para devedores duvidosos, a operação pode ser bem arriscada. Imagine emprestar seu dinheiro para empresas que estão prestes a falir ou governos sem capacidade de pagamento (lembre-se de exemplos recentes, como o do governo grego, em 2010, ou da General Motors, em 2009).

A renda fixa é uma promessa de pagamento. Estipula-se uma data e uma promessa de pagamento em valor ou percentual. Pode ser prefixada, com um percentual definido, ou pós-fixada, quando, por exemplo, varia conforme a inflação mais uma taxa de juros previamente escolhida com

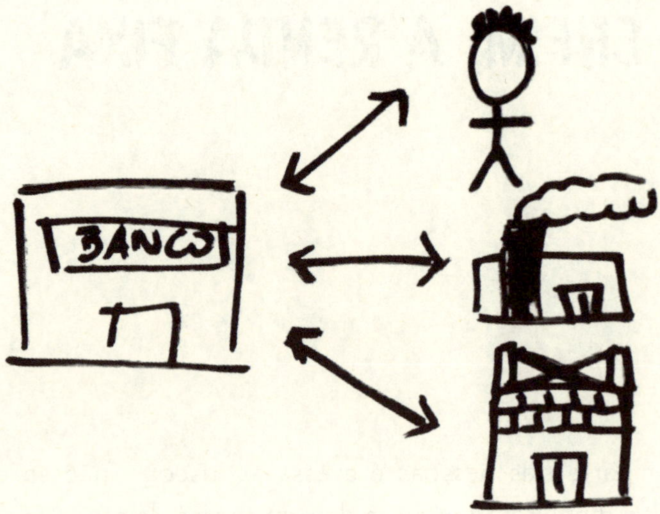

base em algum índice econômico. Portanto, o banco estipula uma regra e um prazo. Se o investidor concorda, entrega o dinheiro para a instituição para ser capitalizado naquele período. Por isso, essa renda é chamada de fixa. Com ela, é possível ter uma estimativa da data de pagamento e da capitalização — a taxa — que aquele dinheiro vai proporcionar.

Em resumo, o investimento em renda fixa nada mais é do que um empréstimo que o investidor faz. Ao entregar o dinheiro a uma instituição financeira, por exemplo, ele obtém a promessa de que o receberá acrescido de juros. O banco usa esse dinheiro para fazer frente às suas operações, entre as quais emprestar dinheiro a outras pessoas e empresas, a juros maiores do que ele oferece ao investidor, para poder pagar os custos de operação e se apropriar da diferença.

Os bancos vivem da sua reputação para poder fazer a intermediação financeira. A principal atividade de uma instituição bancária é captar o dinheiro de pessoas, instituições e empresas e pagar uma pequena remuneração a elas. Do outro lado, ela empresta a outras pessoas, instituições e empresas, cobrando juros maiores.

O risco para o investidor é que o banco não honre o pagamento, mas ele costuma ser baixo. Além de termos um sistema financeiro sólido, há mecanismos, como o Fundo Garantidor de Crédito (FGC), que asseguram a devolução dos recursos até determinado limite. Dessa forma, o investidor possui um risco administrável.

Fundo Garantidor de Créditos

O FGC é uma entidade privada, sem fins lucrativos, que administra um mecanismo de proteção aos correntistas, poupadores e investidores. Ele garante o pagamento de depósitos ou créditos em instituição financeira até o valor de R$ 250.000,00 – mas que pode ser reajustado.[25] A garantia é usada caso o banco quebre: sofra intervenção, liquidação ou falência.[26]

Se o investidor tem conta em mais de um banco, é difícil que ambos os bancos tenham problemas, mas, caso isso ocorra, o investidor tem direito a receber o ressarcimento dos seus depósitos até o limite estabelecido, em cada uma das instituições. O que passa desse limite não é coberto.

Praticamente todos os bancos e instituições de crédito e investimento do país estão associados ao FGC. O fundo é formado por contribuições das instituições associadas sobre uma porcentagem dos depósitos.

O FGC garante depósitos em conta corrente, poupança, aplicações (LCI, LCA e CDB, entre outros), depósitos em contas não movimentáveis, contas de pagamento de salários, vencimentos, aposentadorias, pensões, letras de câmbio, letras imobiliárias, letras hipotecárias, letras de crédito imobiliário, letras de crédito do agronegócio e outros títulos.

O FGC foi criado para dar competitividade aos bancos pequenos. Ele permite que os bancos pequenos paguem juros maiores, correndo mais riscos, porque, se eles quebrarem, os clientes estarão cobertos. Para se ter ideia, se um banco grande paga 100% do CDI, o banco pequeno pode pagar 120%. A uma taxa de juros de 13% ao ano, é um ganho de 2,6%.

Para falar de investimento, é preciso olhar pelo menos duas dimensões: risco e retorno. São esses dois aspectos que definem o rumo que cada investidor deve tomar, de acordo com o seu apetite maior ou menor

25 Valor em agosto de 2016.
26 Fonte: Banco Central.

pelo risco. Um risco maior se justifica apenas quando é capaz de oferecer também uma perspectiva de retorno mais consistente.

Felizmente, as pessoas pensam de maneira diferente. Caso contrário, todo mundo correria para o mesmo lado. O que pode ser um bom investimento para um investidor arrojado, disposto a correr riscos maiores, pode não ser para alguém mais conservador — que prefira receber menos e ter mais certeza de que vai receber o dinheiro de volta ligeiramente engordado.

A taxa do banco e os três fatores de influência

Três fatores vão influenciar a taxa que o banco paga para qualquer investimento da renda fixa. O primeiro é quanto você tem de dinheiro, ou seja, a taxa é diferente para quem tem R$ 10.000,00, R$ 100.000,00 e R$ 1.000.000,00. A exceção são os títulos públicos, que pagam a mesma coisa para todo mundo, e a poupança, que tem remuneração fixa (0,5% ao mês mais a variação da Taxa Referencial, a TR).

O segundo fator é o tempo. Quanto mais tempo o dinheiro permanece investido, maior é a taxa oferecida pelo banco.

O terceiro é o risco do banco. Por isso, os bancos grandes, cujo risco é menor, pagam taxas mais baixas. Os médios pagam mais, e os pequenos, mais ainda, a fim de atrair um maior número de clientes que aceitem o risco mais elevado em troca de um ganho um pouco maior.

Outro aspecto em que você precisa prestar atenção são os ganhos líquidos e reais. Líquidos são os ganhos depois de descontados os impostos. É como o salário. Você é contratado por um valor X, digamos, R$ 3.000,00, mas nunca recebe esse valor, que é o chamado salário bruto. Recebe o salário líquido, já com os descontos.

Já o ganho real é aquela parcela que fica acima da inflação. Se a inflação no ano foi de 5% e o seu investimento rendeu 7%, você não ganhou 7%. Ganhou 2% acima da inflação. Ou seja, a valorização do seu dinheiro foi menor do que o rendimento total, porque a inflação comeu uma parte do ganho.

Opções de renda fixa

O Brasil é o país da renda fixa. Assim, os melhores investimentos estarão sempre enquadrados nessa modalidade. Mas é preciso ter alguns cuidados e saber escolher. Os mais conservadores vão apostar nos títulos do governo e nos CDBs de grandes bancos. Podem optar por bancos menores, que oferecem rentabilidade maior, se o dinheiro de que dispõem se encontra no limite do Fundo Garantidor de Créditos. Acima do limite, o risco torna-se maior, porque pode haver perdas caso o banco tenha problemas de solvência.

Já os investidores mais moderados e também os agressivos tendem a tomar posições maiores em bancos pequenos e médios, aceitando um risco mais elevado em troca da rentabilidade maior dessas instituições, mesmo que o seu capital fique acima do limite do FGC.

O que ninguém, de qualquer perfil ou tamanho de capital, deve fazer é optar pela poupança. A caderneta de poupança é a mais simples, popular e tradicional aplicação financeira disponível no Brasil. Ela não tem tributação, mas, em compensação, o seu rendimento é muito baixo e frequentemente negativo em termos reais — ou seja, menor do que a variação inflacionária. Por isso, não é recomendável: considerando o ganho real, ela leva o investidor a perder dinheiro.

Já os títulos públicos e os CDBs são tributados com alíquotas decrescentes de Imposto de Renda apenas sobre os juros — nunca sobre o principal, ou seja, o dinheiro que você investe. O Imposto de Renda sobre essas aplicações é cobrado no momento do resgate. Se você não resgata, a taxação vai caindo, ou seja, o imposto diminui ao mesmo tempo que o rendimento aumenta. A vantagem de quem permanece mais tempo, portanto, é maior. De zero a seis meses, o imposto é de 22,5% sobre os juros.

Se você investiu R$ 1.000,00 e ganhou R$ 100,00, vai pagar 22,5% em cima desses R$ 100,00. Ou seja, vai pagar R$ 22,50 e resgatar R$ 1.077,50.

De seis meses a um ano, o IR é de 20%; de um ano a dois, é de 17,5% e, depois de dois anos, de 15%, que é o menor patamar e, portanto, o mais indicado. Quem pode dispor do dinheiro por um período mais longo não deve resgatar antes porque, além de o valor ser capitalizado — juros vão incidindo também sobre os juros gerados anteriormente —, a tributação vai ficando progressivamente menor, tornando a aplicação mais interessante para o investidor.

LCI e LCA são letras de crédito e funcionam da mesma maneira que um CDB. Só que o banco tem de destinar esse dinheiro para financiar atividades do mercado imobiliário (LCI) ou agrícola (LCA). Elas são isentas de imposto. São melhores? Não necessariamente. Depende de quanto o banco paga em relação ao CDI, que é a taxa que os bancos cobram para emprestar entre eles mesmos e serve de referência para essas aplicações.

Se a taxa for muito baixa, é melhor pagar imposto no CDB. Faça a conta e verifique qual é a opção mais vantajosa antes de aceitar aquilo que o gerente do seu banco lhe propõe.

Investimento em títulos do governo

Existe ainda a possibilidade de investir em títulos. Principalmente títulos públicos. São várias opções, mas o melhor negócio hoje para pessoa físicas chama-se Tesouro Direto. É a modalidade mais democrática de investimento, porque o governo paga a mesma coisa para quem tem R$ 30,00, que é o valor mínimo de investimento, e para quem tem R$ 1.000.000,00. Para quem não tem muito dinheiro para investir, costuma ser a melhor opção, porque a rentabilidade é razoável, acima do que conseguiria nos produtos bancários da renda fixa.

Nos títulos públicos, existem três tipos de investimento: um de títulos prefixados e dois de pós-fixados (inflação e Selic). Quem não tem prática como investidor deve optar pelo mais simples: Selic.

Com ele, é possível obter uma remuneração pela taxa básica de juros entre a data de entrada e a data de saída. Se o investidor aguarda o período de vencimento, resgata o valor cheio previsto no título. Caso saia antes, obterá a remuneração referente ao tempo em que manteve a aplicação mais um pequeno deságio, uma espécie de penalidade pelo resgate ter sido feito antes do prazo, mas que não invalida a rentabilidade do produto.

O Tesouro Direto também tem seus custos. Há a taxa de custódia, de 0,3% ao ano, e o Imposto de Renda sobre os juros, que varia de acordo com o tempo de aplicação: 22,5% até seis meses; 20% de seis meses a um ano; 17,5% de um a dois anos e, por fim, 15% acima de dois anos. Incide, ainda, o IOF sobre operações de menos de trinta dias. Além disso, é facultado às corretoras cobrar a taxa de administração ou de corretagem, e algumas não cobram. Vale ficar de olho para economizar.

GANHAR A VIDA COM O MERCADO FINANCEIRO: UMA ILUSÃO, DAS BEM PERIGOSAS

Um aspecto que precisa ser levado em conta por quem não é profissional é que o mercado financeiro existe não para você ganhar dinheiro, mas para proteger o seu patrimônio e, se possível, ampliá-lo. Portanto, não pense que, sem ser um profissional do ramo, você vai conseguir viver apenas dos investimentos que faz, sem ter outra fonte de receita.

Se você é marceneiro, engenheiro mecânico ou arquiteto, tem um conhecimento especializado para produzir móveis, projetar, montar e consertar veículos e máquinas ou criar ambientes. Qualquer outra pessoa sem experiência e técnica que queira entrar no seu ramo de atividade não terá, pelo menos no início de carreira, o mesmo sucesso que você. Se ela não estudar ou não aprender muito bem na prática os métodos, as particularidades e — por que não dizer? — os segredos da sua profissão, jamais será um profissional capaz de competir com você e os seus colegas.

O mesmo ocorrerá se você tiver um bom dinheiro para investir e, sem uma vivência do mercado financeiro, só com a sua experiência como investidor pessoa física e a leitura de livros e jornais, achar que pode fazer grandes negócios, à prova de erro. Você até pode se dar bem, mas haverá muita gente mais capacitada do que você — os profissionais —, porque essas pessoas conhecem as manhas, os truques e os segredos do mercado.

Em compensação, elas não sabem a melhor forma de fixar um armário na parede, reduzir o desgaste de uma engrenagem ou tornar um ambiente mais claro e dinâmico. Preste atenção nos filmes de Hollywood. Não me lembro de nenhum que mostre alguém fazendo fortuna na Bolsa ou nos mercados financeiros. Mas vários contam histórias de fraudes, de golpes e de gente que perdeu dinheiro por ingenuidade.

Creia em mim: é uma cilada achar que você é mais esperto do que os profissionais sem que tenha a mesma vivência deles.

PREVIDÊNCIA: HORA DE PENSAR NUM FUTURO TAMBÉM FELIZ

Com exceção de servidores públicos estatutários, que conseguem aposentadoria com vencimentos próximos ao que recebiam quando estavam na ativa, no Brasil, a maioria dos trabalhadores vê os seus rendimentos cair acentuadamente quando se aposenta. A não ser quem ganha muito pouco, perto de um salário mínimo, que é também o menor valor pago pela previdência social. Para contornar essa situação, muitos trabalhadores recorrem à previdência privada, a fim de complementar a renda na aposentadoria.

Previdência privada é um sistema em que o beneficiário contribui mensalmente para uma espécie de fundo. Esse dinheiro é usado para "pagar" a aposentadoria complementar, outro nome dado aos planos privados. Em alguns casos, esses planos são "patrocinados", ou seja, geridos pela própria empresa em que o beneficiário trabalha. Normalmente, a empresa patrocinadora também oferece algum tipo de contribuição, para aumentar o volume de dinheiro poupado.

São dois os tipos principais de planos de previdência complementar: Plano Gerador de Benefício Livre (PGBL) e Vida Gerador de Benefício Livre (VGBL). Nos dois, o beneficiário entrega o dinheiro a um administrador, que aplica os recursos em investimentos financeiros predeterminados para manter o valor da contribuição a salvo da inflação e até ganhar algo acima dela.

Só pode investir no PGBL quem faz a declaração completa do Imposto de Renda e é contribuinte de alguma forma oficial de Previdência. O limite de dedução dos investimentos em PGBL no Imposto de Renda é de 12% e deve se feito na declaração anual. O imposto de renda no PGBL incide sobre todo o valor resgatado, ou seja, o valor investido mais os juros. Isso acontece porque o investidor abateu o valor investido na declaração anual e não tributou o valor investido quando aplicou o dinheiro. A única forma de não pagar IR no PGBL é fazer saques abaixo do valor mínimo de tributação previsto na tabela progressiva do IR.

TABELA PROGRESSIVA DO IMPOSTO DE RENDA*

BASE DE CÁLCULO (R$)	ALÍQUOTA (%)	PARCELA A DEDUZIR DO IRPF (R$)
Até 1.903,98	-	-
De 1.903,99 até 2.826,65	7,5	142,80
De 2.826,66 até 3.751,05	15	354,80
De 3.751,06 até 4.664,68	22,5	636,13
Acima de 4.664,68	27,5	869,36

*A partir do mês de abril para o ano-calendário 2015

O VGBL não tem restrição ao tipo de declaração e não se exige a contribuição em alguma previdência oficial. No entanto, o plano não possibilita dedução do imposto de renda. NO VGBL, o IR incide apenas sobre o valor dos juros, ou seja, sobre a diferença entre o valor investido e resgatado.

Ao aplicar, o investidor de previdência privada pode escolher entre a tabela regressiva ou progressiva do imposto de renda. A tabela progressiva segue a tabela de ajuste anual, ou seja, seus ganhos (valor total resgatado no PGBL e valor dos juros no VGBL) entrarão como renda tributável na declaração anual do imposto. Já para aqueles que optaram pela tributação regressiva, a alíquota diminui com o prazo de aplicação, da seguinte forma:

TABELA REGRESSIVA DO IMPOSTO DE RENDA SOBRE PLANOS DE PREVIDÊNCIA PRIVADA

PERÍODO	TRIBUTAÇÃO*
Até 2 anos	35%
De 2 a 4 anos	30%
De 4 a 6 anos	25%
De 6 a 8 anos	20%
De 8 a 10 anos	15%
Acima de 10 anos	10%

*Em % além da faixa de isenção

O VGBL costuma ser usado para quem não se enquadra nas exigências do PGBL ou faz contribuições acima dos 12% do IR.

Tanto no PGBL como no VGBL, a instituição que administra o plano cobra taxas, que podem chegar a 3% do valor investido. Com isso, apesar dos benefícios fiscais, o plano pode se tornar pouco atrativo, principalmente para quem tem disciplina suficiente para fazer o seu próprio investimento. Investir em opções de renda fixa (CDB, por exemplo) pode ser uma alternativa bem mais viável.

Se você é apto a contratar um PGBL, ele costuma ser a melhor opção. E, para aqueles que atingem a alíquota de 27,5% do IR e possuem objetivos de longo prazo, o regime regressivo tende a ser mais vantajoso.

CONCLUSÃO

CONVERSE NOVAMENTE COM O SEU DINHEIRO. E FAÇA-O AGIR A SEU FAVOR

Voltemos ao início. Depois de chegar à conclusão de que, para ter um bom relacionamento com o dinheiro, é preciso preparo. Após passar por tantos temas analisados de forma racional, espero que você tenha chegado até aqui mais preparado e mais consciente de que a dimensão da sua vida financeira depende somente da maneira como você a conduz.

Se a ideia de viver uma vida gastando o mínimo, analisada no começo deste livro, não o seduziu, espero que a proposta de aproveitar a vida gastando e poupando de maneira racional o tenha conquistado. Tenho certeza de que, se você colocar em prática as técnicas para fugir das armadilhas do gasto desmedido, procurar um pouco de racionalidade nos gastos e se comprometer a guardar, com inteligência, uma parte do que ganha para o futuro, logo a sua vida financeira estará mais estável e sólida. E você, mais feliz.

É lógico que talvez você, desde o início, não tenha feito um pedido fora da realidade ou do seu alcance. E isso é ainda melhor, pois agora você já conhece todos os passos que podem levá-lo a essa realização.

Assim, voltando à questão filosófica, pergunto novamente: o dinheiro pode comprar a felicidade? A resposta depende só de você. O que eu posso dizer é que o dinheiro pode ser um instrumento poderoso, mas o que realmente traz a felicidade é a capacidade de satisfazer os seus desejos sem prejudicar outras áreas da sua vida. O dinheiro bem usado faz com que você chegue lá. A estratégia é que manda. Quem é mais racional pode ser mais feliz, mais bem-sucedido, aproveitar as melhores oportunidades.

Agora que você já sabe o suficiente para não se deixar enganar, que tal voltar a ter aquela conversa com o seu dinheiro? Agora que você sabe exatamente como fazer com que ele trabalhe a seu favor, o que você, realisticamente, pediria a ele?

Faça um pedido ao seu dinheiro.

....

....

....

....

Sabendo da sua capacidade de poupar e consumir conscientemente, você pode estabelecer metas.

Lembre-se de alguns pontos importantes. Investimento é fundamental para ter alguma segurança, mas nada na vida financeira é totalmente isento de riscos. Escolha os investimentos com o mesmo rigor e racionalidade que utiliza nos seus gastos — depois, é claro, de abandonar as compras por impulso e tornar-se capaz de identificar e fugir das armadilhas que acabam com o seu dinheiro.

Meça o risco das aplicações financeiras, procurando equilibrá-lo com o risco dos seus ganhos. Se quiser uma aplicação mais agressiva — e, portanto, mais arriscada —, procure se assegurar de que os seus ganhos sejam sólidos e de que você dificilmente ficará sem salário no curto prazo. Ainda assim, procure alternativas sólidas e menos arriscadas para parte dos investimentos, a fim de contornar eventuais perdas em aplicações mais ousadas.

Aproveite os juros elevados praticados no Brasil para fazer boas escolhas nos seus investimentos, mas não se deixe levar pela ambição desmedida, apostando em produtos financeiros mais arriscados do que você é capaz de suportar, caso algo dê errado.

Lembre-se: o mercado financeiro não é um jogo que pode fazer você ficar rico. É um modo a de proteger e aumentar um pouco o seu patrimônio. E o patrimônio será formado pelos bens de família que você eventualmente herdar e pelo fruto da sua geração de renda — em outras palavras, do seu trabalho. Não acredite que vá ganhar dinheiro no mercado financeiro sem se tornar um profissional. Se você tem outro ofício, no qual você é especializado, procure ser o melhor possível nele. Ele é a sua fonte de renda, e é nele que você pode se diferenciar de todas as outras pessoas.

Por fim, faça as contas e veja em quanto tempo pode atingir os seus objetivos. E mãos à obra! Trabalhe pela sua felicidade. E faça o seu dinheiro auxiliá-lo nisso.

Eu estarei na torcida.